박대리
웹소설로 억대연봉

스타 작가 **박경원**이 알려주는 웹소설 쓰기

박대리 웹소설로 역대연봉

제이알매니지먼트

추천사

박경원 작가님과의 첫 만남이 떠오릅니다. 당시에도 훌륭한 작품을 집필하고 계시던 작가님은 본인 작품에 대한 열정만큼이나 신인 작가님들의 작품에도 큰 관심을 가지고 계셨습니다. 그런 작가님이기 때문에 웹소설 작가 양성을 위한 교육자가 되는 것은 너무나도 당연한 과정이라는 생각이 듭니다.

박경원 작가님께서 작가로서 쌓아온 경험과, 웹소설 강사로 쌓은 노하우를 모아 마침내 한 권의 귀한 책으로 내시게 되어 진심으로 기쁘게 생각합니다.

이 책은 웹소설 작가에 도전하는 분 뿐 아니라 웹소설 업계에 관심을 가지고 계신 분이라면 누구에게나 도움이 될 책입니다.

이 자리를 빌어 다시 한 번 좋은 책을 집필해 주신 박경원 작가님께 감사드리며, 이 책이 모든 독자님들의 새로운 도전에 밑거름이 되길 기원합니다.

최조은(작가컴퍼니 대표이사)

웹소설 범람의 시대다.

대부분은 그렇다. 웹소설을 좀 읽다보면, 나도 쓸 수 있을 거라는 생각이 든다.

소설도 대박나고, 웹툰도 론칭하고, 드라마도 제작하고….

노골적인 욕망을 안고 수많은 작가님들이 이 분야에 뛰어든다.

그리고 나서야 텍스트 노동이 쉬운 일이 아님을 깨닫는다.

박대리는 넘실거리는 웹소설 물결에 어떻게 타고 오를지 친절하게 설명하고 있다.

뻔하고 두루뭉술한 조언이 가득한 웹소설 작법서 클리셰를 깨고, 실용적이고 구체적이다.

박대리와 함께라면, 이 거대한 물결을 지나 바다에 닿으리라.

억대 연봉을 받는 작가의 탄생이 이어진다는 것은 독자로서 즐거운 일이다.

이 책을 읽을 수많은 대리님들을 응원한다.

이희영(배재대학교 교수)

〈에이스 카드〉, 〈신의 마구〉, 〈전지적 관중 시점〉, 〈노래하는 망나니〉, 〈슈퍼스타 천대리〉, 〈독 먹는 힐러〉, 〈쾌검천하〉, 〈홈런에 미친놈〉까지.

8질의 작품을 쓰신 박경원 작가님의 웹소설 작법서가 나왔다는 소식에 정말로 기뻤습니다.

점점 경쟁이 격화되는 웹소설 시장.

롱런하는 게 쉽지 않은 시장이기도 하고 글을 쓰는 건 참으로 어려운 일입니다.

하지만 오랜 기간. 그것도 8질의 작품을 쓰신 작가님의 모든 노하우가 담긴 작법서가 나왔다니요!

웹소설의 기본 구조.

캐릭터 설정.

플롯 설계까지.

말그대로 A부터 Z까지 총 망라된 작법서를 정말 쉽게 풀어냈기에, 누구보다 추천드립니다!

개인적으로 작가는 끝없이 공부해야 한다고 생각합니다.

배우고 듣고.

공부하고.

다른 작품을 읽고.

많이 생각하고.

이렇게 해도 치열한 경쟁에서 나만의 작품을 써 내려가는 건 쉽지 않은 일이라고 생각합니다.

그러니 작법서를 읽는 건 중요한 일입니다.
시행착오를 최대한 줄여야 하는 거.
앞서 걸어간 선배의 길을 쫓는 거.
그만큼 안전한 길도 없습니다.

수험생이 합격수기를 먼저 읽고 공부를 시작하고, 학생이 학원을 다니듯, 웹소설 입문을 도와주는 작법서!

강력 추천드립니다!

타우란〈〈회귀 닥터는 조용히 살고 싶었다〉 작가)

웹소설 작가로서 겪는 고충과 희망, 모든 것이 담겨있네요.
박경원 작가님이 작가로서 얼마나 많은 고민을 하고, 얼마나 많은 시행착오를 겪었는지에 대해 이야기로 풀어내셔서 즐겁게 읽을 수 있었습니다.
웹소설 작가를 희망하는 지망생 여러분들, 그리고 기존 웹소설 작가님들께도 추천할 만한 책인 것 같습니다.

제이로빈(제이알매니지먼트 대표 / 〈취사병 전설이 되다〉 작가)

여느 작법서와는 달리, 자신의 경험담을 가르치듯 늘어놓는 대신 웹소설의 형식을 빌려 위트있게 그러면서도 한눈에 들어오게끔 간결하게 시작한다. 그러다 적절한 타이밍에 실용서적의 문체를 이용해 수년간 작가로, 또 강사로 쌓은 경험치를 친절하게 떠먹여준다. 웹소설을 한 번도 써보지 않은 지망생이나 신인 작가, 또는 저와 같이 벽에 부딪친 작가 모두에게 도움이 될 만한 작법서다. 무엇보다 지루하지 않고 재밌게 잘 읽혀서 좋다.

한산이가(이낙준, 〈AI닥터〉, 〈중증외상센터〉 작가 / '닥터프렌즈' 유튜버)

이 책은 작법에 관한 내용뿐만 아니라 저자의 작가 데뷔 과정이 진솔하게 적혀 있다.
작가가 작품을 세상에 내보이기까지 걸어온 과정 자체도 '작법'이 될 수 있다.
웹소설에 대해 전혀 모르는 사람도 쉽고 재미있게 창작을 시도할 수 있는 명쾌한 가이드다.

김종방(작가컴퍼니 이사, 웹소설 작가)

차례

1부. 박대리의 웹소설 도전기

1. 박대리, 웹소설을 만나다   **14**
   - TIP 익숙한 맛을 보여줘라!

2. 박대리, 웹소설을 시작하다   **24**
   - TIP 웹소설 시장의 장점!

3. 박대리, 출판사를 만나다   **30**
   - TIP 출판사와의 계약!

4. 박대리, 연재를 중단하다   **40**
   - TIP 경험!

5. 박대리, 유료연재에 성공하다   **48**
   - TIP 왕도물이 유리한 이유!

6. 박대리, 처음으로 인세를 받다   **56**
   - TIP 유료화와 외부유통

2부. 박대리의 웹소설 강의

작가 소개　　　　　　　　　　66

1. 웹소설 왜 도전해야 하는가　　70
2. 마인드 셋　　　　　　　　　76
3. 작품의 시작　　　　　　　　80
4. 장르와 소재　　　　　　　　85
5. 클리셰　　　　　　　　　　90
6. 웹소설의 소재　　　　　　　98
7. 웹소설의 시점　　　　　　　96
8. 웹소설의 서사　　　　　　 108
9. 제목　　　　　　　　　　 116
10. 고구마와 사이다　　　　　125
11. 절단신공　　　　　　　　134
12. 표현의 기술　　　　　　　141

3부. 박대리가 전하는 꿀팁

1. 문단 디자인	152
2. 보여주기	172
3. 영향력(변·지·영)	182
4. 갭(GAP)	193
5. 착각	201
6. 남성향 판타지의 5대 요소	209
7. 로맨스의 5대 요소	220

마치며	226

1부

박대리의 웹소설 도전기

박대리, 웹소설을 만나다.

2016년 8월.

- 지잉.

책상 위에 올려 두었던 스마트폰이 울린다. 입금이 되었다는 알람이었다.

'그러고 보니 오늘 월급날이구나.'

직장인들에게 한 달에 한 번 있는 축복 가득한 날.
그러나 박대리는 무심한 얼굴로 시선을 돌린다.
통장이 잠시 배부른 상태가 되었지만, 박대리는 곧 벌어질 일들을 너무나 잘 알고 있었다.

[KC카드 대금 결제 완료. 금액….]

[코코아뱅크 계좌에서 통신비 금액이 자동이체 되었습니다.]

[당월 학자금 대출 원리금 상환이 완료되었습니다.]

화무십일홍(花無十日紅)이라는 말이 있다.
'열흘 동안 붉은 꽃은 없다'는 의미.
이 세상에 영원한 아름다움은 없다는 뜻이다.
내 통장에 있는 꽃잎도 빠르게 시들어 가고 있었다.

- 지잉.

월급이 들어오기가 무섭게 쉴 새 없이 울리는 알람들. 박대리는 쓴 웃음을 지었다.
꽃은 며칠이라도 유지가 되지, 내 통장은 단 몇 시간도 버티지 못하는구나!

- 지잉!

집에 보낼 생활비까지 송금하고 나자 박대리의 통장은 마침내 텅장이 되었다.
나름대로 평균 정도는 되는 직장이었지만, 그렇다고 적금을 많이 들 수는 없는 형편이었다.
직장인의 삶이라는 게 다 이렇지 뭐.
박대리는 출근할 때와 비슷해진 통장 잔고를 확인하며 회사를 나왔다.

'시간이 빠듯하네. 빨리 가야겠다.'

박대리는 오늘 그의 고등학교 동창, 오선우를 만나기로 했다. 함께 저녁을 먹으면서 물어볼 것이 있었다.
최근 들어 슬슬 바람이 불고 있는 산업, '구매대행'과 관련된 것이었다. 오선우는 회사를 다니면서 부업으로 구매대행을 시작해 쏠쏠한 재미를 보고 있었다.

"이게 중국 사이트인 욜리바바를 통해서…."

대략적인 설명을 들은 박대리는 짧은 한숨을 쉬었다.
구매대행도 아무나 하는 게 아니구나.
오선우는 나와 같은 직장인이었지만, 중국어를 전공하고 주재원으로 근무한 적도 있어 중국 사이트 이용에 진입 장벽이 없었다.
선우처럼 '네이보 서마트 스토어'를 열고 부업을 시작하려고 했던 박대리.
하지만 전체 과정을 듣다 보니 망설여지기 시작했다.

'어떻게 하지? 할 수 있을까?'

집으로 가는 길, 박대리는 이따금씩 한숨을 내쉬었다.
돈을 더 벌고 싶었다.
매달 번 돈만큼 빠져나가는 통장도 보기 싫었고, 이렇게 모아서 결혼은 할 수 있을지 의문스러웠다.
치킨 한 마리 시키면서 생활비를 떠올리기 싫었고, 오래된 자동차는 슬슬 수리비가 부담되기 시작했다.

'돈을 모으려면 방법은 두 가지 뿐인데.'

허리띠를 졸라매 지출을 줄이거나, 소득을 늘리거나.
박대리는 지금보다 더 아낄 자신이 없었다. 그래서 돈을 더 벌 수 있는 방법을 찾기 시작했다.

일을 하면서 다른 분야에 도전하는 게 쉬운 일은 아니다. 하지만 박대리는 도전적인 삶이 익숙한 편이었다.

고졸 학력으로 회사에 입사한 뒤 학점은행제로 학사 학위를 취득하고, 부족한 학력을 보충하고자 저녁에 야간대학원을 다녔다.

덕분에 학자금 대출이 꼬리표처럼 따라붙었지만, 직장인으로서 불리한 조건은 메꿀 수 있었다.

'그런데, 부업을 병행하는 건 학교 다니는 것보다 더 어렵네.'

돈을 쓰는 건 쉽지만 버는 건 어렵다. 흔히 하는 어른들의 말씀.
박대리는 요즘처럼 그 말이 와닿은 적이 없었다.

- 지잉.

소득 없이 터덜터덜 집으로 향하는 길에 알람이 새로 울렸다.

[님들. 나 웹소설 유료연재 시작함.]

"낙준이네."

이낙준.
고등학교 동창으로 무척이나 공부를 잘했던 친구다. 전교 1등을 찍더니 결국 원하던 의대에 입학을 했다.
그런데, 유료연재라니?

[박대리 : 유료연재? 그게 뭐야?]

[이낙준 : 저번에 내가 말했던 거. 웹소설 연재.]

[박대리 : 아. 웹소설?]

기억이 난다. 무슨 인터넷 소설을 연재한다고 했던 것 같은데. 한때 '귀여니' 작가가 대세였던 때가 있었는데, 비슷한 건가?

[박대리 : 유료연재면 사람들이 돈을 주고 네 작품을 읽는다는 거야?]

[이낙준 : ㅋㅋㅋ 엉. 사실상 작가 데뷔라고 할 수 있지.]

참, 난 놈은 난 놈이다.
전교 1등을 할 때도 머리는 비상하다고 생각했는데, 공부와 상관없어 보이는 소설 연재 같은 것도 하고.
그러고 보니 지방에서 군의관 할 때 심심해서 할 게 없다고 징징거렸던 기억이 난다. 그 시간을 헛되게 보내지 않은 모양이다.
며칠 후 이낙준을 만날 때만 해도 웹소설에 대해 단순히 그렇게 생각했다. 하지만,

"너도 웹소설 한번 써 봐."

이낙준은 박대리를 만나자마자 뜻밖의 제안을 건넸다.

"나? 내가?"

"그래. 너 예전에 뭐 싸이키월드에 글 끄적거리고 그랬더만."

"야. 그 나이대에 중2병 감성 돋는 글 안 쓴 사람이 어디 있다고. 나 글쓰기에 소질 없어. 배운 적도 없고."

"그럼 나는 있냐?"

"음….'"

없었다.
이낙준은 본격적으로 수능을 준비하던 수험생 시절부터 의대에 입학해 군의관으로 전역할 때까지, 문학은커녕 글쓰기 수업을 받은 적도 없었다.
그러고 보니 신기하네. 어떻게 웹소설을 연재하고 있지?

"너 정도의 글쓰기 실력이면 충분해. 웹소설에는 공식이라는 게 있거든."

"공식?"
들을수록 신기하고 흥미로운 이야기였다.
수학 문제를 풀 때처럼 공식이라는 게 존재하고, 그 공식을 잘 지키기만 하면 독자들이 붙는다는 이야기였다.

"흔히 고구마라고 하는데, 주인공이 힘을 얻고 난 뒤에는 절대 다치거나 시련을 겪으면 안 돼."

"요새 대세는 탑 등반물이야. 장르가 어떻게 되건 일단 탑을 오르면 독자들이 붙는다니까?"

"일단 작가 지망생이 데뷔를 하려면 문피아에서 데뷔를 하는 수밖에 없어. 거기서 무료 연재를 하다가 유료로 전환하면 돼."

문피아라.
웹소설로 돈을 벌 수 있다는 것조차 몰랐던 박대리. 문피아라는 사이트의 이름을 알 리 만무했다.
박대리는 집으로 돌아와 네이보에 '문피아'를 검색해보았다.

"오호, 이렇게 생겼구나."

소설이라고는 만화방이나 도서 대여점에서 접한 책이 전부였던 박대리. 그의 눈앞에 신세계가 펼쳐졌다.

"투데이 베스트. 이게 낙준이가 말했던 인기 소설들이구나."

사이트를 둘러보던 박대리가 돌연 눈을 가늘게 떴다.

"그런데 이거… 제목들이 다 왜 이래?"

〈SSS급 초인류 헌터〉
〈나 혼자 빠른사냥〉
〈튜토리얼만 99999년째〉
〈나혼자만 스킬업〉
〈내 경험치 무한〉
〈55555년 수련한 대마법사의 회귀〉

읽는 사람의 얼굴이 다 화끈거리는, 정말이지 익숙하지 않은 제목들이었다.
"신기하다. 그런데 되려 이런 제목들이 인기가 많구나."

이상하다고 생각한 제목들이 랭크 상위권을 차지하고 있는 것도 인상적이었다.
박대리는 한동안 제목과 소개글을 훑어본 뒤 마우스를 움직였다. 그리고는 검색창에 '한산이가'를 입력했다. 이낙준이 자신의 '필명'이라고 알려 준 이름이었다.

"오. 정말 있다, 있어."

한산이가로 검색을 하자 〈군의관, 이계에 가다〉라는 소설이 나타났다.
앞서 상위권에 랭크된 소설 제목만큼은 아니지만, 박대리는 다시금 얼굴이 뜨거워졌다.

"군의관이라. 자기 경험을 바탕으로 소설을 쓴 모양이네."

소설을 잘 모르는 박대리가 보기에도 괜찮은 시도라고 생각했다.
박대리는 조금 떨리는 마음으로 〈군의관, 이계에 가다〉의 첫 화를 클릭했다.
내 친구가 쓴 소설을 읽는다는 신기함. 웹소설을 처음 읽어 본다는 설렘.
그런 여러 가지 감정을 품은 채 박대리는 친구의 웹소설을 읽어 나갔다.
그리고 잠시 후,

"이, 이게 뭐야?"

박대리의 두 눈이 휘둥그레졌다.

웹소설 시장의 장점!

웹소설 시장의 장점은 무엇이 있을까요?

짧은 기간 무섭게 성장한 시장 규모? 다른 콘텐츠로의 확장성? 그 외에도 여러 가지가 있겠지만, 저는 **사전에 갖춰야 할 '인프라'가 필요 없다**는 점을 강조하고 싶습니다.

책의 뒷부분에 소개가 될 텐데요, 웹소설은 우리가 평소에 사용하는 PC나 태블릿, 핸드폰만 가지고도 도전할 수가 있습니다.

다른 산업과 한번 비교해 볼까요?

일반 음식점처럼 '매장'이 필요한 사업은 말할 것도 없고, '유튜브'나 '웹툰'에 도전하더라도 최소한의 장비와 장비를 다루는 기술도 필요합니다. 하지만 웹소설은 우리가 평소에 사용하는 한글을 가지고 '글을 쓸 수 있는 환경'만 갖추면 얼마든지 도전할 수 있습니다.

대단히 매력적이지 않나요?

우리는 살아가면서 '실패할 수 있는 자유'라는 말을 가끔 접하는데요, 이 웹소설이야말로 얼마든지 실패할 자유가 있는 산업입니다. 물론 이 책을 읽으시는 분들은 웹소설에 도전하시고 성공하시리라 믿어 의심치 않습니다. =)

2

박대리, 웹소설을 시작하다

"이게 뭐야?"

유료연재 소설이니 분명히 뛰어난 글일 거라 생각했다. 필력이 좋거나, 스토리가 흥미롭거나, 세계관이 매력적이거나.
과거 도서대여점에서 빌려 읽었던 〈드래곤 라자〉나 〈룬의 아이들〉과 같은 소설을 떠올렸다.
하지만 웹소설은 박대리가 생각했던 종이책 소설과 조금 다른 모양이었다.

'이걸 사람들이 돈을 내고 읽는다고?'

제목도 뭔가 낯부끄러운데 소설에 담긴 내용도 직관적이었다.
깊이보다는 날것의 재미를 추구하는 느낌? 적어도 당시의 박대리가 보기에는 그랬다.
어쨌거나 신기한 일이었다.
한 편을 읽는 비용은 백 원. 그렇게 큰 지출은 아니다. 하지만 남의 호주머니에서 십 원 한 장 꺼내기가 어디 쉬운 일이던가.
잘은 모르지만, 이 소설 안에는 유료연재를 할 수 있는 비법이 들어 있는 게 분명하다.
잠자코 소설을 읽어 본 박대리는 마음에 두 가지 생각을 품었다.

'따라 해 보고 싶어.'

'따라 할 수 있을 것 같아.'

정확히는 모르지만 이 안에도 공식이 담겨 있을 것이다.
내가 모르는 재미를 독자들이 캐치하고 유료로 글을 읽는 것이겠지. 그 공식을 익혀서 따라 해 보고 싶었다.
그리고 건방진 말이지만, '이 정도'라면 비슷하게 쓸 수 있을 것 같았다. 어떤 현란한 기법이나 비유, 필력 같은 게 눈에 띄지 않았기 때문에.
본인 스스로도 문학을 전혀 배운 적이 없다고 하지 않았는가.
원고를 읽은 후 친구의 조언을 다시 떠올린 박대리는 결심했다.

'한번 해 보자.'

당장 웹소설 작가로 성공할 수 있을 것 같지는 않았다.
시장이 그렇게 호락호락하지는 않을 테니까.
문피아라는 사이트도 오늘 처음 알게 된 참이다.
하지만 뭐 어떤가.
글쓰기는 그 자체로 고상한 취미 활동이다.
내 이야기를 누군가가 들어 준다는 자체만으로 설레는 일이라고 생각했다.

'일단 흉내라도 내 보는 거야.'

전형적인 웹소설은 아니더라도, 웹소설 비슷한 글이라도 써 보고 싶었다.
박대리는 그날부터 퇴근한 뒤 주기적으로 소설을 쓰기 시작했다.

'판타지나 무협 세계관은 자신이 없으니까, 일단 배경은 현대로 하자.'

조금 특별한 능력을 가진 주인공의 복수물.
그렇게 정한 박대리는 이낙준이 했던 조언을 떠올렸다.

'처음에 잘 나가다가 항상 완결에서 욕을 먹는 작가들이 있어. 심한 경우에는 내는 작품마다 완결을 치지 못하는 작가도 있고.'

그러니 몇 화를 쓰더라도 일단 완결을 내는 게 중요하다.
박대리는 그 생각을 마음에 품고 전체적인 줄거리를 생각해 냈다.

1. 처음에 빌런에게 억울한 일을 당하는 챕터.
2. 죽을 고비를 넘긴 뒤 신기한 힘을 얻게 되는 챕터.
3. 본격적으로 빌런 집단에게 복수를 시작하는 챕터.
4. 마침내 복수를 완성하는 챕터.

세부적인 스토리는 글을 쓰면서 완성해야겠지만, 이 흐름대로라면 적어도 완결을 내지 못해 연재 중단을 하는 일은 없을 것 같았다.
그렇게 큰 틀을 잡아 놓은 박대리는 주인공의 '능력'을 설정했다.
어떻게 주인공이 이능력을 가지게 되었는지.
이 이능력이 작동하는 원리가 무엇인지.
과학 기사를 검색해 가며 고민하던 박대리는 마침내 능력에 대한 근사한 원리를 생각해 냈다.

'이정도면 괜찮을지도 몰라.'

스스로의 눈에는 그럴듯해 보였다.
처음 도입부와 능력을 얻는 장면까지.
박대리는 2주간 습작 10화분을 만들어 낸 뒤 이낙준에게 원고를 보냈다.

"어, 어떻게 생각해?"

긴장감에 입술은 바짝 말랐지만, 최대한 객관적으로 평가해 달라고 했다.
친분 때문에 안 좋은 말을 하기 꺼릴 수도 있으니까.
아주 조금은, 자신도 있었다. 첫 습작치고는 나름대로 소설 느낌이 난다고 생각했다.
하지만,
나의 친구 이낙준의 평가는 정말 너무나도 객관적이었다.

"이건 디지털 쓰레기야."

익숙한 맛을 보여줘라!

　이낙준 친구가 말을 참 무자비하게 하는군요. ㅠㅠ 우리가 이번 회차에 주목해야 할 것은 뭘까요? 바로 '익숙한 맛'입니다.

　저는 수업을 할 때 '장르'를 이야기하면서 항상 '약속'이라고 표현합니다. 작가가 **어떤 '장르'에 작품을 연재한다는 것은 그 장르에 부합하는 전개를 쓰겠다는 약속**입니다!

　여러분 중에서는 기존에 공개된 소설에는 없었던 소재, 한 번도 나오지 않았던 전개에 관심이 있는 분도 계실 겁니다. 수업을 하다 보면 무에서 유를 창조한다는 마음으로, 기존의 트렌드에 존재하지 않았던 작품을 쓰고 싶어 하시는 수강생들이 계십니다.

　하지만 불행히도 독자들은 그런 글을 원하지 않습니다. 독자들이 매번 새로운 패턴의 작품을 원한다면 '장르'라는 분류도 태어나지 않았겠죠!

　한번 예를 들어 볼까요? 제가 일본 여행을 갔을 때 아주아주 맛있는 라멘을 먹은 적이 있습니다. 그 맛을 잊지 못한 저는 한국에 있는 라멘집에 들어갔죠. 그때 먹었던 라멘과 동일한 맛을 느낄 수는 없겠지만, 그와 비슷한 라멘의 맛을 기대하면서요! 그런데 이게 웬걸, 정작 라멘집에서 저에게 준 메뉴는 뜨끈하고 매콤한 라멘이 아니라 차갑고 담백한 평양냉면이었습니다. 그러면 저는 실망하게 되겠죠?

제가 '장르'를 '약속'이라고 표현하는 건 이런 이유 때문입니다. 독자들은 자신이 선호하는 '장르' 카테고리에 들어가 익숙한 맛을 느끼기를 원합니다. 물론, 소위 '양판소'라 불리는 흔해빠진 맛보다는 독특한 MSG가 살짝 가미된 라멘이라면 더 좋겠죠! 이 MSG가 바로 작품의 개성이라고 표현할 수 있겠습니다. 같은 이유로 MSG가 너무 과해서 장르적 특색이 사라진다면 그 또한 문제가 되겠죠?

이 세상에 존재하지 않던 맛을 보여주는 작업은 작가 지망생 분들에게는 너무 어려운 도전입니다. 장르별 인기작을 분석하면서 최대한 익숙한 맛을 낼 수 있도록 연습해 보시죠!

박대리, 출판사를 만나다

디지털 쓰레기.
친한 친구 사이인 만큼 눈치 보지 말고 평가해 달라고 하긴 했다. 하지만 그래도 그렇지. 디지털 쓰레기라니.
박대리는 그 이유를 물었고, 이낙준은 몇 가지 포인트를 짚어 주었다.

"주인공이 사용하는 능력이 무슨 메커니즘인지에 대해 독자들은 작가만큼 관심이 없어."
"주인공이 각성을 하는 이유가 없어도 돼. 중요한 건 '앞으로 주인공이 뭘 보여주는가'라고."
"초반부에 고구마가 너무 많아. 이러면 독자들이 다 떨어져 나갈 걸?"
"〈감정 지배자〉라는 제목부터가 문제야. 이런 제목으로 독자들이 관심을 보일 거 같아?"
"회빙환의 기법이 없으면 일단 손해 보고 시작하는 거야."

납득이 가는 이유도 있었고, 그렇지 않은 것도 있었다.
영화와 드라마, 웹툰을 주로 접했던 박대리. 그는 능력을 얻게 된 사연과 그 작동 방식에 가장 많은 공을 들였다.

그런데, 그런 건 독자들의 관심 대상이 아니라니.
피드백을 상기하며 박대리는 연재를 시작했다.

"휴우."

과연.
이낙준의 말은 사실이었다.
박대리가 처음 문피아에 올린 〈감정 지배자〉는 첫 화를 올린 날 전체 조회수가 5에 그쳤다.
그 중에 박대리 본인이 올린 조회수가 하나, 이낙준이 올린 조회수가 하나.
순수하게 외부 유입으로 기록된 조회수는 단 세 개뿐이었다.
이름 모를 세 명에게는 감사한 마음이 들었지만, 이렇게까지 외면받을 줄은 몰랐다.

'그래도 일단 끝까지 써 보는 거야.'

처참한 조회수에 창작 의욕이 꺾이긴 했지만, 박대리는 꾸준히 연재를 이어갔다.
절대 해서는 안 되는 일은 바로 연재를 하다 그만두는 것, 바로 '연중'이다.
'연중'도 한두 번 하다 보면 습관이 될 수 있다고 했다. 한 권짜리 분량을 연재하더라도 끝까지 매듭짓는 연습이 필요하다고 했다.
그리고 무엇보다, 열몇 명으로 불어난 '독자'들에게 고마웠다.
딱히 금전적인 수입이 발생하지 않더라도 내 글을 읽어 주는 독자들을 위해 완결을 짓고 싶었다.
그렇게 박대리는 두 달 동안 총 40편으로 완결을 지었다.

[잘 읽었습니다. 그동안 감사했어요.]

마지막 화에 달린 댓글을 보니 어쩐지 뭉클한 기분이 들었다.

박대리는 연재를 마친 뒤 며칠 동안 머리를 비웠다. 새로운 작품을 쓰기 전에 정립할 것들이 있었다.

'낙준이의 말이 맞았어.'

첫 번째.
일단 완결을 내 보니 나중에 분량이 많은 글을 쓰더라도 엔딩을 완성할 수 있을 것 같았다.

두 번째.
웹소설을 쓸 때 할 것(클리셰, 공식)과 하지 말아야 할 것은 그만한 이유가 있는 것이다.

세 번째.
'내가 쓰고 싶은 글' 보다 '독자들이 보고 싶은 글'을 써야 한다.

박대리는 쉬는 동안 인기 웹소설을 읽어 보며 인풋을 늘렸다.
그리고 시작한 두 번째 연재. 판타지 세계를 배경으로 한 〈운빨 먼치킨〉이라는 작품이었다.
이번에는 나름대로 독자들이 원하는 장르와 소재를 최대한 맞춰 보려고 했다.

그 성과가 나타난 것일까,

[야, 이거 수치가 괜찮은데? 내용도 훨씬 나아졌고.]

업무 시간에 이낙준으로부터 까톡이 날아왔다.
첫 작보다 좋게 평가해 주어서 기분이 좋았지만, 한편으로는 의아한 기분도 들었다.

[아직 10화밖에 안 올렸는데 벌써 그런 걸 알 수 있어?]

[문피아 연재는 일주일만 해도 사이즈가 나와. 초대박인 경우에는 그 전에도 알 수 있고.]

신기한 이야기였다. 이전보다 조회수가 오르긴 했지만 아직 선호작(즐겨찾기 독자)수는 고작 백 명 단위였기 때문이다.

"어?"

하지만 특정한 날을 기점으로, 거대한 변화가 일어났다.

"갑자기 선호작 수가 엄청 늘었네?"

열흘 동안 올라간 선호작 수가 하루 이틀 만에 두 배로 늘었다.
그때, 이낙준이 했던 말이 떠올랐다.

'일단 문피아에서 투데이베스트에 오르면 조회수와 선호작 느는 건 금방이야. 정비례로 숫자가 오르지 않고 기하급수적으로 올라간다고.'

지지부진하게 올랐던 스코어가 '투데이베스트' 말석에 오르면서 폭발적으로 늘어났다.
열흘 정도 지나자, 24시간 조회수와 선호작이 모두 2천 단위로 수직 상승했다.
늘어나는 스코어에 하루하루 즐겁게 원고를 작성하던 어느 날,

- 띠링.

한 번도 울리지 않던 문피아 앱의 '알람'이 울렸다. 누군가가 내게 쪽지를 보낸 것이다.

"이, 이건…?"

내용을 확인한 박대리의 눈이 튀어나올 듯 커졌다.
쪽지의 내용은 놀랍게도,
출판사에서 보낸 '작가 계약 제안'이었다.

[안녕하세요 박경원 작가님. 저는 둘리 출판사의 고길동 팀장입니다. 작가님께서 연재하시는 〈운빨 먼치킨〉을 재미있게 보고, 작가 계약을 제안드리고자….]

보면서도 믿어지지가 않았다. 나에게 작가 계약 체결 연락이 오다니.
회사를 다니는 동안 나를 향한 호칭은 박사원, 박주임, 박대리, 야 너! 가 전부였다.
자신을 '작가님'이라고 불러 주는 것에도 크게 감격했다.
일단 박대리는 이낙준에게 연락했다.

[나 출판사에서 연락옴.]

[오. 나이스! 어디야?]

[둘리 출판사라는데?]

[괜찮은 출판사인 걸로 기억해. 한번 만나서 이야기라도 들어 봐.]

이낙준은 그렇게 말하며 한 가지 당부를 했다.
절대로 첫 만남에 계약서를 작성하지 말라고.
한번 컨택을 받았다면 다른 출판사에서도 연락 올 확률이 높으니, 계약 여부는 천천히 정해도 된다고 했다.

[어차피 매출은 출판사에서 나오는 게 아니라 문피아 유료 구매수로 나오는 거야. 출판사와 계약을 하더라도 네가 유료화까지 가지 못하면 한 푼도 벌지 못해.]

박대리는 친구의 말을 명심하며 휴가까지 내고 출판사를 찾아갔다.
직원이 자신이 있는 곳으로 찾아오겠다고 했지만, 새로운 세계에 직접 찾아가 발을 디뎌 보고 싶었다.

"안녕하세요. 고길동 팀장입니다."

회사도 좋아 보였고, 대면한 팀장도 인상이 너무나 좋았다. 차분한 분위기에 안경을 쓴 모습이 지적인 인물로 느껴졌다.

대화를 나누다 보니 신기한 점을 알게 되었다.
출판사 편집팀의 팀장으로 일하고 있지만, 고길동 또한 한 명의 작가로 활동하고 있었다.
웹소설 시장은 독자인 동시에 작가나 지망생인 경우가 많다고 하더니, 과연 그 말이 사실이었다.

"작품을 읽는 동안 작가님께서 얼마나 즐거운 기분이었는지 글에서 느껴졌습니다."

확실히 그랬다.
나날이 늘어가는 선호작 수와 24시간 조회수.
그 성장을 지켜보는 것이 무척 기분 좋았고, 작품의 주인공 또한 밝은 개그 캐릭터였다.
글을 통해 작가의 기분을 추측할 수 있다니, 정말 신기했다.

"앞으로 잘 부탁드립니다."

고길동 팀장을 만나고 며칠 후, 박대리는 둘리 출판사와 작품 계약을 체결했다. 소소한 금액이지만 선인세도 받았다.
이제야말로 작가 데뷔까지 머지않았다는 확신이 들었다.

하지만 웹소설 시장은 그렇게 호락호락하지 않았다.

출판사와의 계약!

　누군가 저에게 '웹소설을 연재하면서 가장 행복했을 때가 언제냐' 고 묻는다면, 처음으로 출판사에게서 연락을 받았던 순간이라고 대답할 것 같습니다. 웹소설을 통해 번 돈으로 가지고 싶던 물건을 살 때도 무척 기뻤지만, 출판사가 계약을 제안하면서 '작가'로서의 가치를 인정해 줬을 때 정말 기분이 좋았던 것 같아요!

　만약 여러분들이 무료연재를 진행하다 출판사로부터 제안을 받았다면, 포털 사이트를 통해 출판사 이름을 검색해 보시는 걸 추천드립니다. 그 출판사의 이름으로 이미 출간된 작품도 확인해 보시고요. 예전에는 문피아에서 단 1화만 써도 출판사에서 컨택이 오는 경우도 있었는데, 지금은 일정 회차가 지난 이후에 작가 계약 연락을 할 수 있게끔 변경되었습니다. 아직 작품이 틀을 갖추기도 전에 계약만 제안하는 알박기를 방지하는 거죠.

　가끔은 어떤 출판사를 피해야 하는지 묻는 분도 계십니다. 제가 다수의 출판사와 계약한 경험이 없다 보니 하나의 원칙만 말씀드릴 수 있겠습니다. '어떤 식으로든 작가에게 금전을 요구하는 출판사'는 피해야 합니다. 요즘은 거의 사라졌다고 하지만, 작가는 출판사로부터 이런저런 지원을 받았으면 받았지 금전을 지급할 이유가 하나도 없습니다.

   그리고 또 한 가지! 아직 유료화를 할 수 있을지 없을지 애매한 시점에서는 굳이 계약을 체결할 필요가 없습니다. 어차피 유료화가 진행되어 실제 매출이 발생하지 않는 한, 출판사와의 계약만으로 특별히 달라질 것은 없으니까요. 오히려 선인세를 받고 섣불리 계약을 했다가 유료화가 되지 않아 선인세를 반납해야 하는 경우도 있답니다!

박대리, 연재를 중단하다.

"큰일이네…."

박대리는 초조함에 손톱을 깨물었다.
언제부터인가 성장세가 주춤하다 싶더니, 안 좋은 흐름이 연일 이어지고 있었다.
'선호작 3천'을 돌파하며 승승장구하던 '운빨 먼치킨'이 위기를 맞았다.

'최신화 조회수가 선호작에 못 미치고 있어!'

이낙준과 고길동 팀장 모두 같은 이야기를 했다.
가장 최근에 올린 회차의 24시간 조회수가 선호작 수를 넘지 못하면,
그 작품의 성장세는 멈춘 것이라고.
안타깝게도 '운빨 먼치킨'은 언제부턴가 성장이 멈춰 버렸다.

'이유가 뭐지?'

박대리는 그동안 연재했던 회차의 모든 댓글을 읽어 보았다.

그리고 자신의 가장 큰 패착을 확인했다.

> [이 장면 쓸데없이 왜 이렇게 긴가요?]
> [답답해서 못 보겠어요.]
> [주인공이 계속 쳐맞기만 하는데요?]
> [이만 하차합니다. 작가님도 상하차나 하세요.]
> [사이다를 줘도 시원찮을 판에 고구마만 잔뜩 멕이네.]

주인공이 고난을 겪는 회차들에 부정적인 댓글이 굉장히 많이 달려 있었다. 초반에는 인내심을 가지고 지켜보던 독자들이 고구마 구간이 한 편을 넘어서자 참지 못한 것이다.

'알고는 있었는데…'

고구마보다는 사이다를 더 많이 줘야 한다.
이론적으로 알고 있지만 실재 연재에서는 다른 방향으로 흘러갔다.
공식을 아는 것과 그대로 적용하는 것은 다른 문제였다.
연재를 이어 가다 보니 어느 순간 주인공이 진흙밭을 구르고 있었다.
독자도 편집자도 요구한 적이 없는데, 작가 스스로 주인공을 고행의 길로 인도한 것이다.

'큰일이다. 어떻게 하지?'

수천 명의 독자들을 만난 것도 처음이지만, 작품의 성적이 하락하는 것도 처음이었다.

투데이 베스트에 오르고 출판사를 만날 때만 해도 구름을 걷는 기분이었는데, 지금은 심해 밑바닥을 기는 것만 같았다.
박대리는 이낙준과 고길동 팀장에게 자문을 구했다. 이낙준은 연중(연재 중단)을, 고길동 팀장은 리메이크를 권했다. 어쨌거나 유료연재를 하기에는 어려운 상태였다.
박대리는 멍한 눈으로 모니터 화면을 바라봤다.

"아깝다…."

그동안 쓴 회차가 66화였다.
종이책으로 따지면 두 권 반 정도가 되는 분량이었다.
쓰다 보니 정이 들어서 내 새끼를 버리는 느낌마저 들었다.
하지만 어쩔 수 없다.
한번 외면당한 작품은 어지간해서는 다시 회복하기가 힘들다.
새로운 작품으로 다시 도전을 하는 게 되려 빠른 길이었다.

> **연재 중단 공지. 죄송합니다.**

> 안녕하세요, 박대리입니다.
>
> 운빨 먼치킨은 금일 기점으로 연재를 중단합니다.
> 지금까지 60화, 장장 30만 자 가까이 애정을 가지고 집필을 하였습니다.
> 하지만 갈수록 독자분들의 기대에 부응하지 못하고 있다는 생각 아래 결정을 내렸습니다.
> 회사를 다니면서 비축분이 없이 연재를 한다는 것, 절대로 마음만 앞서서는 할 수 없는 일이라는 것을 뼈아프게 깨달았습니다.

> 시간에 쫓겨 연재를 하다 보니 작품의 퀄리티가 점점 하락하는 것이 스스로도 느껴졌습니다. 처음에 구상했던 전개와도 점점 어긋나기 시작했습니다.
>
> 상기와 같은 이유로 운빨 먼치킨은 연재를 중단합니다.
>
> 지금까지 짧지 않은 회차를 함께해 주시고 격려해 주신 분들께, 고개 숙여 사과드립니다.
>
> 당분간 열심히 달려왔던 연재를 쉬고 한숨 돌리면서 새로운 작품을 구상하고자 합니다.
>
> 그때는 지금처럼 연재를 중단하는 시행착오를 되풀이하지 않게끔, 철저하게 준비하겠습니다.
>
> 감사하고, 죄송합니다.
>
> 박대리 올림.

박대리는 떨리는 손으로 연재 중단 공지글을 올렸다.

시원섭섭하다는 말이 이렇게 와닿은 적이 없었다.

한창 성장을 할 때에는 온 세상을 다 가진 것 같았지만, 지표가 악화되는 상황에서 매일 시간에 쫓길 때는 울고 싶은 기분이었다.

시원한 기분이 가고,

섭섭한 마음도 간 뒤.

박대리에게 새로운 감정이 피어올랐다.

'다음번엔 반드시 유료화 연재를 해 보겠어!'

웹소설 주인공이 가져야 할 필수적인 요소.

꺾이지 않는 마음.

박대리는 다음 작품은 다를 것이라며 마음을 불태웠다.

'일단 실패의 원인부터 찾아야 해.'

당장 원고를 쓸 일이 없었기에 박대리는 차분하게 자신의 작품을 복기했다. 표면적으로는 고구마 구간이 길어서 수치가 하락했다. 하지만 박대리는 좀 더 근본적인 이유에 집중했다.

'어째서 고구마 기간이 길었을까?'

시원시원한 전개를 쓰고 싶지 않았던 것이 아니었다. 단지, '스토리'가 떠오르지 않았을 뿐.
나름대로 꽤 긴 이야기를 준비했지만, 60화가 넘어가면서 준비해 온 구상이 바닥나 버렸다. 즐겨 읽고 쓴 장르가 아니다 보니 세계관 구성도 구멍이 숭숭 뚫렸다. 그러니 독자들이 원하는 장면을 만들 수 없었던 것이다.

'전문성이 부족하고, 전체 스토리도 제대로 구성하지 못했어.'

박대리는 다음과 같은 결론을 내렸다.

'판타지는 포기한다.'

당장 판타지 장르를 연재하기에는 내공이 부족했다. 거대한 스토리의 줄기를 엮는 것도 어려웠고, 몬스터나 상태창 같은 세계관 설정도 힘에 부쳤다.
선택지는 두 가지였다.
따로 시간을 내어 판타지 소설의 인풋을 늘릴 것인가?
아니면 다른 장르로 도전해 볼 것인가?
만약 다른 장르를 도전한다면, 전문성과 스토리를 갖추는 것이 가능한가?

'있다!'

딱 하나 있었다.
그 두 가지 조건을 만족하는 장르가.

경험!

    대학이나 아카데미에서 강연을 할 때, '**어떻게 시작해야 하는가**'에 대한 질문을 받습니다. 웹소설을 시작하려면 일단 자신의 '경험'을 살리는 것이 중요한데요, 경험은 '직접적인 경험'과 '간접적인 경험'으로 나눌 수 있습니다. 이 책을 보고 계신 여러분이 직장인이나 개인사업자라면, 저는 그 세계와 관련된 현대판타지를 써 보시는 걸 추천드려요.

    우리가 돈을 벌기 위해 일을 하다 보면 여러 가지 '상상'을 하게 되잖아요? '아, 내가 이런 능력이 있다면 해마다 승진할 수 있을 텐데.', '이런 특별한 기술이 있다면 손님들이 득실득실할 텐데', 이런 생각들이요! 웹소설의 대표적인 공식인 '회빙환'도 결국은 이런 상상에서 시작했다고 볼 수 있습니다.

    비단 직장만이 아니라 스포츠, 예능, 덕질처럼 내가 나름대로 일가견이 있는 분야의 소재로 웹소설을 써도 '직접적인 경험'의 일환이겠죠? 내가 직접 경험한 소재를 가지고 웹소설을 쓰면 디테일이 살아나게 됩니다. 독자들이 작품을 읽다가 '오, 이 작가는 이 세계에 대해서 정말 잘 알고 있구나' 라고 생각하게 되는거죠!

　자 그럼 반대로, 직접적인 경험을 살릴 수 없는 분들은 어떻게 해야 할까요? 특히 이능력을 발휘하는 판타지나 로판의 경우에는 직접적인 경험을 하고 싶어도 하지 못하니까요!

　그럴 때 우리는 '간접적인 경험'을 활용할 수 있습니다.

　간접적인 경험은 간단히 말해 기존의 웹소설 작품을 많이 읽어 보는 것입니다. 직접 경험하지 못했던 세계관이나 소재에 대해서, 작품을 읽고 '인풋'을 하다 보면 내가 글을 쓸 때에도 그 세계관이 자연스럽게 흘러들어오게 됩니다.

　그러기 위해서는 꾸준하게 웹소설을 읽으면서 독자들의 테이스트를 파악하고, 트렌드를 따라가는 노력이 필요하겠죠?

5

박대리, 유료연재에 성공하다.

"나, 스포츠물 쓰려고."
"스포츠?"

박대리에게 웹소설을 써 보라고 추천한 이낙준조차 박대리의 말에 눈이 휘둥그레졌다.

"스포츠는 대세 장르가 아닌데?"
"알아. 하지만 문피아는 다른 플랫폼과는 다르게 스포츠물에 관대한 편이야. 이미 유료연재중인 작품도 꽤 되고."
"종목은 뭘로 할 건데?"
"야구."
"야구라… 흠."

잠시 생각에 빠졌던 이낙준이 곧 고개를 끄덕였다.

"그래. 너는 옛날부터 야구 좋아했지. 초등학교 때부터 아버지 따라 야구장을 다녔다며."

"맞아. 지금도 매일 챙겨 보고 있어."
"사회인 야구도 아직 하냐?"
"어. 이제 5년째인가 그럴 거야."

연재를 하면서 뼈저리게 느낀 것 중 하나.
바로 디테일한 세계관이다.

비단 내가 쓴 작품뿐 아니라 모두가 그렇다. 잘 알지 못하는 분야를 쓰면 독자들이 귀신같이 알아챈다.
반면에 관련 분야에 조금이라도 전문성을 보여준다면 독자들은 꽤나 만족해한다.

웹소설 소재 중에서 그나마 내가 빠삭한 세계관을 가지고 있는 게 뭘까?

그 고민 끝에 박대리가 내린 결론이 바로 '스포츠'였다.
프로야구를 챙겨 본 지 20년이 넘었고, 몇 년 동안 사회인 야구를 하며 선수로서 경기를 뛰었다.

"하긴. 잘 모르는 판타지 쓰는 것보다 스포츠물이 더 낫겠다."
"스포츠를 선택한 이유는 그것뿐만이 아니야."
"그럼?"
"스토리라인 짜기가 편해."

'왕도물'이라는 표현이 있다.

앞으로 어떻게 성장할지 뻔히 보이는 유형을 의미한다. 그런 면에서 스포츠는 전형적인 왕도물의 형식을 갖추고 있다.

"어차피 야구선수가 성공하는 케이스는 하나야. 국내 리그를 평정하고 메이저리그로 가거나, 아예 메이저리그에서 시작해 정상에 오르지."

엔딩을 정하는 것도 쉽다.

야구선수에게는 월드시리즈 우승 혹은 '명예의 전당'이라는 최종 목표가, 축구선수에게는 챔피언스리그 우승 또는 '발롱도르'라는 최종 목표가 있다. 이 말인즉슨 곧 적어도 스토리를 진행하다 길을 잃고 헤매는 일은 없다는 뜻이다.

"괜찮네. 진행시켜!"

이낙준의 반응도 꽤나 호의적이었다.
박대리는 그날부터 컴퓨터 앞에 앉아 작품을 구상하기 시작했다.

'다시 처음부터구나.'

3천 명에 달했던 선호작 수가 눈앞에 아른거린다.
최신화를 업로드하면 몇 시간 만에 투데이 베스트에 올랐고, 삼십 분 간격으로 순위가 오르는 장면을 감상하기도 했다.
하지만 이제는 모두 지난 일일 뿐.
앞으로는 조회수 0에서 다시 시작해야 한다.

박대리는 야구와 관련된 여러 가지 아이디어를 떠올려 보았다.

'강속구를 던지는 투수나 홈런을 많이 치는 타자는 식상한데.'

그러던 와중 박대리는 '바빕신'이라는 단어를 떠올렸다.
바빕신은 BABIP(Batting Average on Balls In Play)이라는 야구 용어와 '신'을 결합한 단어인데, 쉽게 말하자면 타구의 운빨을 측정할 수 있는 지표다.
야구란 참 오묘한 스포츠인지라 아무리 잘 맞은 타구도 아웃이 될 수 있고, 완전히 빗맞았는데 안타가 되기도 한다.
박대리는 그 점에 착안해 '바빕신의 가호를 받은 투수'를 상상해 보았다.

'이를테면, 신의 마구 같은 거지.'

지금까지의 '마구'와는 조금 다른 느낌의 투수.
한번 개념이 떠오르자 순식간에 원고가 만들어졌다. 타이핑을 하는 속도가 늘수록 순수한 쾌감이 솟구쳤다.

"이렇게 빨리 한 편을 쓸 수 있다니…!"

이미 익숙한 세계관이어서 그런 걸까? 지난 작품을 쓸 때보다 50%는 빠른 속도로 첫 화를 완성했다.
아직 문피아에 업로드를 하지 않았지만, 박대리는 기분 좋은 예감이 들었다.
어쩐지 이번에는 정말 할 수 있을 것 같았다.
그리고 그 예감은 현실이 되었다.

"우와!"

이전의 〈운빨 먼치킨〉처럼 선호작 수가 3천을 넘어섰다.
더 고무적인 것은 최근 24시간 조회수가 4천 가까이 나왔다는 점이었다.
그 말은 곧, 더욱 성장할 수 있다는 의미다.

"야, 이번에는 진짜 될 거 같은데?"

이낙준이 들뜬 얼굴로 나를 찾아왔고,
"슬슬 표지를 제작할까요?"

고길동 팀장의 메시지가 나를 춤추게 만들었다.
표지 제작은 유료화 전환을 앞두고 진행되는 사전 행사 같은 것이기 때문이다.
마침내 2017년 8월 13일. 박대리는 문피아에 공지를 올렸다.

[안녕하세요. 신의 마구 유료화 공지입니다.]

신의 마구를 무료로 연재한 지 68회차. 처음으로 문피아에 습작을 올리고 8개월만의 일이었다.

왕도물이 유리한 이유!

    검색창에서 '왕도물'을 찾아보면 복수의 뜻이 나오는데요, 여기서는 **'엔딩까지 가는 길이 정해져 있는 작품'**이라고 표현하도록 하겠습니다.

    웹소설을 처음 쓸 때 전체 스토리라인을 구상하기는 어렵습니다. 처음에는 잘 진행되는 것 같다가도 어느 순간 나도 모르게 계획과 어긋나 버리곤 하죠.

    제가 연재했던 〈운빨 먼치킨〉도, 소재와 주인공의 특성은 나름대로 구현했지만 60화를 넘어서니 서사를 어떻게 전개할지 막막하더라구요.

    그런 의미에서 '정해진 길이 있는' 왕도물은 스토리라인 구상이 굉장히 편합니다. 제가 데뷔한 스포츠물의 경우 선수가 목표로 삼는 지점이 굉장히 명확하고(우승, 수상 등), 선수가 올라가는 스테이지도 고정되어 있습니다.

게임판타지를 예로 들면, 주인공의 레벨에 따라 스테이지가 정해져 있다고 할까요? 해외 축구 리그보다 우리나라 리그가 더 뛰어나다는 식의 뒤틀린 세계관이 아니라면 선수는 국내에서 세계로 스테이지를 확장하게 됩니다.

이와 비슷한 흐름은 연예계물을 필두로 한 전문가물에도 적용할 수 있습니다. 아이돌을 소재로 하는 현판을 쓴다면 **[연습생 오디션 ☞ 연습생 시절 ☞ 자체 경쟁 및 평가 ☞ 대국민 오디션 또는 데뷔 테스트 ☞ 아이돌 데뷔 ☞ 그 외 연예계 영역 확장]** 같은 식으로 구상할 수 있겠죠.

그밖에도 여러분들이 보시기에 1레벨부터 99레벨까지 무대가 정해진 왕도물을 선택하신다면, 적어도 전체 스토리를 구상하다가 길을 잃는 일은 없을 거예요!

6

박대리, 처음으로 인세를 받다

당연한 말이지만, 무료연재에서 유료연재로 변하면 이탈자가 생긴다. 그동안 공짜로 봤던 독자들이 우수수 이탈하는 것이다.
웹소설의 진정한 가치는 '유료 결제'에서 발생한다.
과연 이 소설이 '돈을 주고 볼 만큼' 맘에 든 작품인가. 아니면 그냥 무료니까 봤던 것인가.
유료화 공지를 올린 뒤 이낙준에게 까톡을 보냈다.

[유료 전환율은 보통 어느 정도라고 했지?]

[보통 10퍼센트에서 20퍼센트 정도 나와.]

10퍼센트.
숨이 턱 막히는 수치였다.
그럼 내 소설을 보고 있던 독자들 열 중 아홉이 떠나간다는 말인가?

[뭐, 고정 팬층이 있는 장르는 더 많이 나오기도 하지만, 보통 20퍼센트를 넘기 힘들어. 너도 그렇게 생각하는 게 좋을 거야.]

박대리는 계산을 해 보았다.

어제 올린 최신화의 24시간 조회수는 사천 정도. 보수적으로 10퍼센트라고 하면 사백 정도 매출을 기대할 수 있다.

한 편에 백 원이라면 사만 원 정도의 매출이 나오는 것이다.

[그 돈이 다 네 거라고 생각하면 안 돼. 플랫폼, 그리고 출판사와 정산을 한 뒤 남은 금액이 네 인세가 된다.]

문피아 플랫폼은 총 매출의 30%를 차감한다. 그리고 남은 금액을 출판사와 정산하게 된다.

신인 작가의 업계 평균 출판사 정산 비율은 7:3.

결과적으로 백 원이라는 매출이 발생하면 작가가 가져가는 인세는 49원 정도인 셈이다.

'어림잡아 총 매출의 절반 정도겠구나.'

그렇게 생각하니까 총 매출이 얼마든 금방 계산할 수 있을 것 같았다.

[유료화 공지 올리고 댓글이나 쪽지로 별말 없었냐?]

이낙준에게서 의미심장한 까톡이 날아왔다.

[글쎄? 그냥 열심히 해라, 건필해라. 그런 이야기들뿐이던데. 애초에 댓글 자체가 많지도 않고.]

[그렇군. 난 처음에 유료화 공지할 때 쪽지도 받았어. '유료로 볼 만한 글은

아니네요'라고 보내더라.]

[헐.]

안 보면 그만이지, 굳이 작가에게 그런 쪽지를 보내는 이유는 뭘까.
다행히 유료화 공지를 올린 뒤 하루 동안 별다른 일은 없었다. 박대리는 그렇게 유료화를 시작했고, 최신화의 24시간 구매수가 300대를 기록했다.

'300이면…? 3만 원이구나.'

기성 작가에게는 그다지 만족스럽지 못한 매출일 것이다. 하지만 박대리는 크나큰 행복감을 느꼈다.
난생 처음으로 글을 써서 돈을 벌었다는 사실이 너무나도 기뻤던 것이다.

'내가 글을 써서 수익을 실현하다니!'

알바를 하고 회사를 다니며 돈을 벌어 봤지만, '작가'라는 이름을 달고 '작품'을 통해 돈을 버니 구름 위를 걷는 기분이었다.

'소득이 무의미한 정도도 아니야.'

박대리가 처음에 착각한 점이 있었다.
독자들의 구매는 '최신화'에만 적용되지 않는다. 유료화로 전환되면 그날부로 무료로 풀리는 회차는 25화로 제한된다.
뒤늦게 박대리의 소설을 읽은 사람들은 25화 이후 연재분은 유료 구매를 해야 읽을 수 있다는 의미다.

'보통 24시간 매출의 1.5배 정도 나오는구나.'

최신화 구매가 300이라면, 그날 하루의 전체 매출은 500정도가 되었다.
하루에 5만 원.
매일 연재를 하니까 한달에 150만 원이라고 치면, 다음달에 통장에 들어오는 돈은 75만 원이 되었다.

"이게 어디야?"

다음달에 들어올 금액을 생각하자, 박대리의 광대가 하늘높이 솟구쳤다.
만약 박대리가 전업 작가였다면 분명 실망스러웠을 터.
하지만 그는 회사를 다니는 직장인이었다. 매월 받는 월급에서 75만 원이 더해진다는 것은 놀라운 변화다.

'1년으로 따지면 연봉이 7~800만 원 이상 오른 효과야.'

회사마다 연봉 테이블에 차이가 있겠지만 이정도면 '승진'을 한 것이나 마찬가지였다. 그러니 박대리가 신이 날 수밖에.
박대리는 〈신의 마구〉를 130화대에서 완결을 지었다. 시간이 지나면서 연독률이 떨어져 마지막에는 월 40만 원 정도를 받게 되었지만, 괜찮았다. 자신의 웹소설 도전기는 지금부터 시작이었으니까.
실망할 필요가 없는 이유는 또 있었다. 이낙준이 보낸 까톡에 그 이유가 담겨 있었다.

[완결을 지은 작품은 몇천 원, 몇만 원이라도 꾸준히 인세가 들어와. 출판사에서 계속 외부 유통을 돌리면서 팔아 주니까. 만약에 네가 꾸준하게 작

품을 연재해서 열 개 이상의 작품을 완결내면 나중에 연재를 하지 않아도 연금처럼 매달 인세가 들어오게 될 걸?]

박대리는 앞으로 꾸준히 연재를 하리라 마음먹었다.
언젠가 찾아올지도 모를 대박의 꿈을 위해서.
그리고 먼 훗날, 성실한 연재에 뒤따를 소소한 보상을 위해서.

유료화와 외부유통

통상적으로 문피아에서 유료화가 진행된다면 해당 월의 매출 정산액이 익월 중순에 입금됩니다. 보기에 따라 많은 금액이 아니라고 할 수도 있었지만, 내가 쓴 글로 소득을 창출했다는 데서 깊은 감동을 받습니다.

일단 '문피아'와 '조아라' 등을 통해 유료 연재에 성공했다면, 이제 우리는 외부 유통으로 눈을 돌려야 하는데요! **우리 나라에는 생각보다 많은 웹소설 플랫폼이 있습니다.** 여기에 내 작품을 업로드하고 이벤트를 받기 위해서는 출판사의 힘이 절대적으로 필요해요! 문피아나 조아라 등에 원고를 업로드하는 건 작가가 직접 하는 경우가 많고, 이벤트의 파급력이 타 플랫폼 대비 크지 않기 때문에 처음에는 출판사와 계약을 하고 나서도 '대체 뭘 도와주는 거지?' 라고 생각할 수 있어요. 하지만 문피아에서 일정 회차 이상 연재가 끝나고 '선독점 연재' 기간이 풀리는 순간, 여러분의 원고를 다른 플랫폼에도 론칭하게 됩니다. 이때부터는 나를 대신해서 출판사 직원분들이 연재글을 대신 업로드해 주고, 이벤트를 신청해 주십니다! 기본적으로 내가 쓴 글이 재미가 있어야겠지만, 외부 유통을 할 때 어떤 이벤트를 받아내 주느냐에서 출판사의 역량이 드러나기도 합니다.

외부 유통은 경우에 따라 내가 먼저 연재한 플랫폼보다 더 많은 수익을 가져다주기도 해요. 특정 플랫폼의 독자들에게 내 글이 기호가 맞을 경우, 혹은 이벤트빨을 잘 받아서 매출이 늘어나는 경우도 있습니다. 내 작품이 어느 플랫폼에서 인기가 있을지 장담할 수 없기 때문에, 완결을 짓는 그날까지 작품의 퀄리티를 유지하는 게 중요합니다!

2부

박대리의 웹소설 강의

안녕하세요! 웹소설 작가 겸 강사 박경원입니다. 웹소설이 아닌 일반 서적을 통해 독자를 만나는 건 처음이라 대단히 기쁜 마음입니다. 1부의 내용을 통해 웹소설 데뷔 과정을 보셨을 텐데요, 간략하게 작가이자 강사로서 제 이력을 소개해 드리겠습니다.

박경원 강사 이력

2024 SBA(서울경제진흥원) '상상비즈아카데미' 강사(예정)
2024 배재대학교 '웹컨텐츠 기획' 강사
2024 SBS아카데미게임학원 강사
2023 배재대학교 '웹소설 창작실습' 강사
2023 한국외대 평생교육원 웹소설 대표강사(1,2기)
2023 서울시 중구–동국대 '청년취업역량강화–웹소설 크리에이팅' 특강
2023 컨텐츠코리아랩 특강(대구 컨텐츠페어 / 부산 원데이클래스)

작품 활동
2023 〈홈런에 미친놈〉
2022 〈쾌검천하〉
2021 〈독먹는 힐러〉
2020 〈슈퍼스타 천대리〉
2019 〈노래하는 망나니〉
2018 〈전지적 관중 시점〉
2018 〈에이스카드〉
2017 〈신의 마구〉
〈슈퍼스타 천대리〉 드라마 판권계약 체결(정유니버스–필름그리다 기획)
〈슈퍼스타 천대리〉 원작 웹툰화(네이버 웹툰)
〈슈퍼스타 천대리〉 웹툰/드라마 OST 출시
〈독먹는 힐러〉 원작 웹툰화(카카오페이지)

2017년 처음 문피아에서 〈신의 마구〉로 데뷔를 했고,
2024년 연재중인 〈홈런에 미친놈〉까지 총 8개의 작품을 집필했네요!
이 과정에서 〈슈퍼스타 천대리〉는 네이버웹툰에,
〈독먹는 힐러〉는 카카오페이지에 웹툰화가
진행되었습니다.
이 웹툰들은 미국과 일본에서도 연재되고 있고,
〈슈퍼스타 천대리〉의 경우 판권 계약이 완료되어
몇 년 후 드라마로도 방영이 될 것 같아요!
2017년부터 2023년까지
직장 생활을 병행하며 웹소설을
연재했습니다. 흔히 말하는
겸업 작가, 투잡 활동을
지속해 왔습니다.

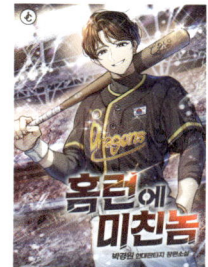

　웹소설, 그리고 웹소설 작가와 관련해 여러분들이 가장 궁금해 하시는 것은 무엇일까요?

　이런저런 질문들이 있겠지만, 개인적으로 제가 웹소설을 연재한다고 밝힐 때 가장 많이 들은 질문은 '웹소설을 쓰는 게 돈이 돼?', '그거 하면 얼마나 벌어?'였습니다.

　자본주의 사회에서 가장 궁금할 수밖에 없는 질문인 것 같은데요, 2018년에 작가컴퍼니와 전속 계약을 체결한 이후로 많게는 연 1억 원 이상, 적어도 연 5천만 원 이상의 인세를 수령하였습니다. 2018년부터 2023년까지 평균을 내 보면 인세만으로 연 8천만 원 이상의 수입을 거두었습니다. 회사 연봉을 합하면 평균 연소득이 1억 원을 훌쩍 넘어섰죠.

　중요한 사실은, 저보다 잘 버는 웹소설 작가들이 굉장히 많이 계시다는 점이에요. 과거에는 한 달에 천만 원을 벌면 대박 작가라는 인식이 있었지만, 최근에는 그 기준이 열 배는 상승했답니다!

SBS 아카데미 게임학원 주최 웹소설 세미나 강좌 포스터

1. 웹소설 왜 도전해야 하는가

웹소설 작가로 활동하다 보면 종종 이런 질문을 듣곤 합니다. '웹소설 작가로 도전하고 싶은데 나도 할 수 있을까?'

그럴 때마다 전 이렇게 대답합니다. '무조건 도전하세요!'

이렇게 망설임 없이 대답하는 있는 이유가 뭘까요? 그건 웹소설이라는 콘텐츠가 가지고 있는 무지막지한 장점 때문입니다. 웹소설 시장의 가장 큰 특징이자 어마어마한 장점.

그것은 바로 '인프라'입니다.

저는 한때 어머니와 함께 창업을 준비한 적이 있습니다. 창업 컨설팅 회사 직원분과 함께 정말 서울 시내에 안 가 본 상권이 없을 만큼 열심히 돌아다녔죠. 하지만 결과적으로 창업을 하지 못했습니다. 창업에 들어가는 비용이 한두 푼이 아니다 보니 '여기서 실패하면 정말 끝장이다'라는 생각이 머릿속을 잠식했거든요. 그림에 나오는 모든 것들이 모두 창업에 필요한 인프라입니다. 그리고 전부 비용이 필요한 항목들이죠. 치킨집을 하나 차리기 위해서는 많은 준비와 돈이 필요하고, 그마저도 '상권 분석'이 제대로 되어

있지 않으면 무용지물입니다. 내가 아무리 맛있는 치킨을 만들 수 있어도, 그 동네에 유동 인구나 배달 수요가 없다면? 말짱 도루묵인 것이죠!

자, 그렇다면 웹소설은 어떨까요? 여러분들도 짐작하셨겠지만, 웹소설 도전은 인프라가 필요 없습니다. 글자를 입력할 수 있는 최소한의 도구만 있다면 누구나 웹소설 시장에 바로 도전할 수가 있는 거죠! 저는 그래서 웹소설 시장을 '실패할 자유'가 있는 시장이라고 표현합니다. 치킨집과 같이 실제 창업을 했다 실패하면 기회비용으로 날아가는 돈이 한두 푼이 아니지만, 웹소설은 도전을 하기에 필요한 비용이 사실상 제로에 가깝거든요!

심지어 '상권 분석'도 별도로 할 필요가 없습니다. 왜일까요?

바로 이런 플랫폼들이 이미 형성되어 있기 때문입니다. 성별에 따른 플랫폼 이용자가 명확히 구분되어 있고, 특정 장르가 강세인 플랫폼이 정해져 있으니 내가 쓸 작품의 성격에 따라 이미 갖추어진 플랫폼에 도전만 하면 되는 거죠!

이처럼 웹소설 시장은 필요한 비용(인프라)이나 상권 측면에서 대단히 도전하기 쉬운 구조를 가지고 있습니다. 흔히들 금수저는 여러 번 실패해도 재도전의 기회가 있기 때문에 '실패할 자유'가 있다고 하잖아요? 저는 웹소설이야말로 모든 사람들에게 실패할 자유가 있는 시장이라고 생각합니다. 이를테면, '금수저 체험'이 되는 것이죠!

웹소설 시장이 가진 두 번째 장점은 모두에게 공평한 시장이라는 점입니다. 일반 서적 시장에서는 유명한 작가의 신작이 출시되자마자 베스트셀러에 오르는 일을 보셨을 겁니다. 하지만 웹소설은 작가의 명성보다는 작품 자체의 재미에 더 집중하는 편입니다. 또한 일반 도서를 출간할 때는 현실적인 조건이 필요하지만, 웹소설은 플랫폼에 아이디만 있으면 누구나 도전할 수 있습니다. 조금 거칠게 표현하면 '나이나 계급장 떼고 한판 붙는' 시장인 셈입니다. 실제로 고등학생의 나이로 수천만, 수억 원의 수익을 창출한 영 앤 리치 작가님도 볼 수 있고, 제 강의를 통해 작가 계약을 체결한 분들의 연령대도 고등학생부터 40대 이상까지 다양한 연령층이 분포되어 있습니다.

웹소설 시장의 또 하나의 장점은 수익 포텐셜입니다. 연봉의 한계가 있는 직장인과 달리 웹소설 작가는 성적에 따라 월 억단위의 인세를 수령하기도 합니다. 웹소설 시장은 10년 전보다 108배 성장하였습니다. 한 달에 두 권을 쓰고도 백만 원 벌기가 어려웠던 당시를 생각하면 상전벽해 수준으로 달라진 것이죠. 대박 작품 한 번에 소위 '인생 역전'할 기회가 있는 시장이 되었습니다!

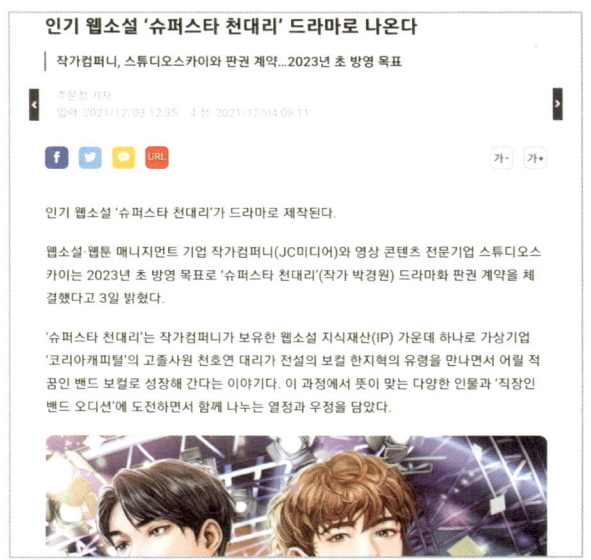

슈퍼스타 천대리 드라마 판권 계약기사 ⓒ지디넷코리아

　먼저 알아볼 것은 웹소설이란 과연 무엇인가? 즉, 웹소설에 대한 '정의'가 되겠죠? 개인적으로 어린 시절부터 이런 개념 설명을 선호하지 않아서, 최대한 짧게 서술하겠습니다. 웹소설은 웹 환경을 통해 언제 어디서나 쉽게 읽을 수 있는 소설을 의미합니다. 출퇴근 지하철 안에서, 잠들기 전 침대에 누워서, 때론 소파에 편히 앉아 볼 수 있는 소설. 몇 시간을 들여 읽는 종이책과 달리 호흡이 짧고, 금방금방 꺼내 즐길 수 있어 '스낵 컬처'라고 부르기도 합니다!

웹소설(Web+Novel)이란?

- **정의** 웹 환경에서 우선적으로 연재되고 출간되며, 소설의 이야기 구조를 갖춘 웹 콘텐츠
- **특징** 쌍방향 소통(댓글, 쪽지, 메일, 댓글에 따봉(추천), 공감 댓글 고정)

과거 종이책과 다른 웹소설의 특징 중 하나가 쌍방향 소통인데요!

예전에는 우리가 소설을 읽고 재미가 있었는지 없었는지, 기분이 좋은지 나쁜지에 대해 피드백을 할 수가 없었습니다. 기껏해야 독서 토론회나 동호회 같은 곳에서 독자들끼리 작품에 대해 이야기를 나눌 뿐이었죠. 종이책에 나의 감상평을 남긴다 한들 작가가 해당 내용을 확인할 수도 없고 말이죠!

하지만 웹소설은 회차마다 독자들이 댓글을 남길 수 있고, 그 댓글에 공감한다면 댓글 추천도 할 수 있습니다. 그리고 '평점'을 통해 작품별, 회차별 독자들의 평가를 반영할 수 있게 되었죠. 한발 더 나아가 작가에게 직접 쪽지를 보내거나 메일(!)을 보낼 수도 있습니다. 지금도 대부분의 작가들이 댓글과 평점을 통해 독자들의 피드백을 확인하고 있습니다.

장르와 플랫폼마다 차이가 있지만 웹소설은 한 회당 5천 자 내외로 이루어집니다. 남성향 기준으로 25화가 모이면 한 권 분량이 되죠! 매일매일 새로운 회차가 업로드되는 일일 연재의 구조를 띄고 있습니다.

여기서 한 가지 가정을 해 보겠습니다. 여러분이 자기 전 침대에 누워 〈최강헌터 박대리〉의 최신화를 열었습니다. 전투신이 벌어져 흥미진진하게 읽고 있던 찰나, 주인공이 동료에게 배신을 당해 큰 부상을 입었습니다. 이런 맙소사, 주인공이 이 위기를 어떻게 해결하는지 확인하려고 스크롤바를 내렸는데, 다음 내용이 없는 겁니다!

오늘 나온 내용이 최신 회차이기 때문에 더 읽고 싶어도 원고가 없습니다.

나는 이 불편한 기분을 해소하고 싶은데, 사건이 해결되려면 내일 이 시간까지 다시 기다려야 해요. 굉장히 찝찝한 기분으로 하루가 마무리되겠죠?

바로 이런 부분 때문에 웹소설의 회차는 고구마 장면으로 끝내기가 어렵습니다.

한 권에 많은 이야기가 담긴 종이책이라면 곧바로 페이지를 넘길 수 있겠지만, 실시간으로 연재되는 웹소설의 경우 다음 화를 읽고 싶어도 읽을 수가 없거든요.

　이러한 연재 방식과 짧은 호흡은 자연스럽게 웹소설의 전개에도 엄청난 영향을 미치게 됩니다.

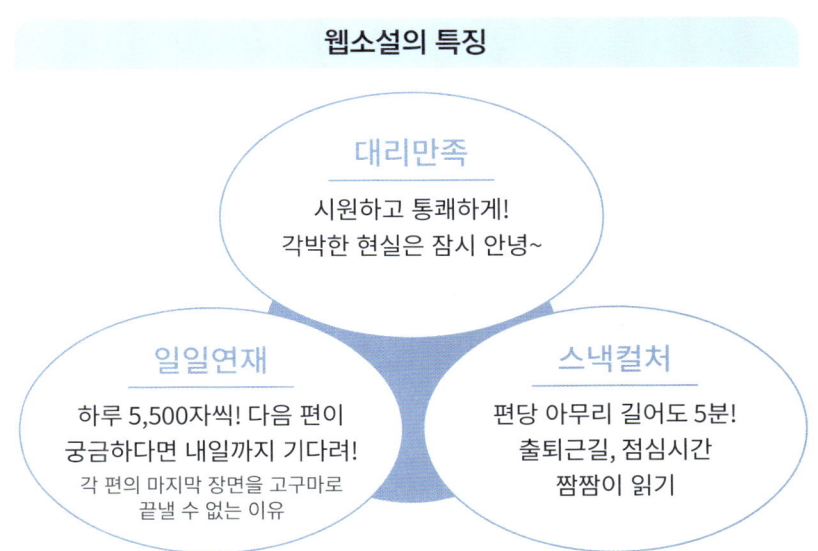

웹소설의 특징

- **대리만족**: 시원하고 통쾌하게! 각박한 현실은 잠시 안녕~
- **일일연재**: 하루 5,500자씩! 다음 편이 궁금하다면 내일까지 기다려! 각 편의 마지막 장면을 고구마로 끝낼 수 없는 이유
- **스낵컬처**: 편당 아무리 길어도 5분! 출퇴근길, 점심시간 짬짬이 읽기

　대부분의 이용자들은 콘텐츠에서 주인공의 행동을 통해 '대리만족'을 느낍니다. 주인공에게 자신을 투영해 현실에서 얻지 못하는 만족감을 느끼는데요! 여러분들은 십 년 전의 자신에게 메시지를 보낼 수 있다면 뭐라고 하고 싶으신가요? 많은 분들이 과거의 자신에게 '비트코인을 사!', '애플이나 테슬라 주식을 사!', '인생의 갈림길에서 꼭 OO을 선택해야 해!' 라고 목 놓아 외칠 겁니다.

　저 또한 마찬가지인데요, 현실에서 불가능한 일을 작품 속 주인공이 대신 이루는 모습을 보며 대리만족을 느끼는 것이 웹소설의 본질이 아닐까 생각됩니다.

 **2. 마인드셋**

자! 이번에는 마인드셋에 대한 내용입니다. 정말 할 말이 많은 챕터인데요! 마인드셋은 제가 강의를 할 때 가장 먼저 언급하는 내용이자, 가장 중요하게 생각하는 내용입니다.

웹소설을 이용하는 이유

3위 : 평소 독서를 즐겨서 (46.2%)

2위 : 장르, 인터넷 소설을 즐겨 보아서 (57.2%)

1위 : ????? (71.1%)

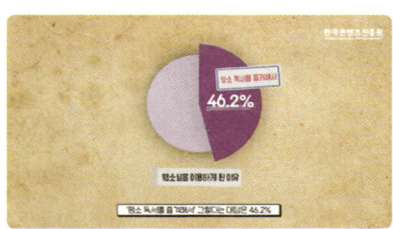 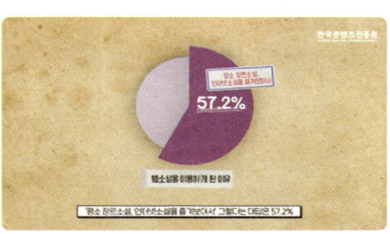

자료 출처 한국콘텐츠진흥원 설문조사

이 통계는 한국콘텐츠진흥원에서 실시한 웹소설 관련 설문조사를 통해 얻은 결과입니다. 웹소설 독자들에게 '왜 웹소설을 읽는가?'에 대해 설문조사를 실시했는데요, 평소 독서를 즐기거나 장르소설 등을 즐겨 보아서라는 의견이 많은 선택을 받았습니다. 하지만, 이보다 더 많은 선택을 받은 항목은 따로 있었는데요! 무려 70%가 넘는 분들이 웹소설을 읽는 이유로 '이것'을 꼽았습니다. 여러분들은 그 항목이 무엇인지, 예상이 가능하신가요?

웹소설을 이용하는 이유

3위 : 평소 독서를 즐겨서 (46.2%)
2위 : 장르, 인터넷 소설을 즐겨 보아서 (57.2%)
1위 : 무료한 시간을 보내기 위해서 (71.1%)

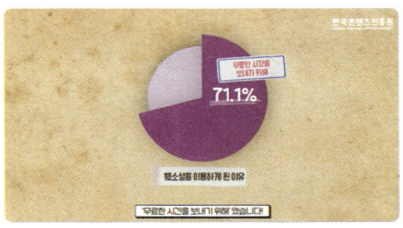

자료 출처 한국콘텐츠진흥원 설문조사

정답은 놀랍도록 단순했습니다. 1위를 차지한 항목은 바로 '무료한 시간을 달래기 위해'였습니다. 조금 더 노골적으로 표현하자면 '그냥 심심하니까', 혹은 '재미를 위해서'라고 할 수도 있을텐데요, 괜히 스낵 컬처라고 불리는 게 아니죠?

자, 여러분들은 이 설문조사에 대해서 어떻게 생각하시나요?

그냥 그렇구나, 할 수도 있겠지만 저는 꽤 중요한 의미를 담고 있다고 생각합니다.

독자들이 기대하는 것
재미(무료한 시간 보내기)

독자들이 기대하지 않는 것
예술성, 교훈, 계몽, 성찰

작가가 명심할 것
· 작가는 독자의 니즈를 반영해 원고를 쓰는 사람
· 독자들은 순문학을 즐기려고 웹소설 앱을 켜는 것이 아니다.
· 나중에 해도 되는 것과 지금 당장 해야 하는 것을 구분할 것

웹소설을 읽을 때 생각하지 않는 것도 있습니다. 바로 예술성, 교훈, 철학, 작가의 메시지와 같은 것인데요! 애초에 웹소설을 보는 독자들은 저런 항목을 기대하지 않는다는 의미가 되겠죠. 그런데, 가만히 지켜보면 수강생들이 웹소설을 기획할 때 생각보다 저런 가치에 의미를 부여하는 모습이 보입니다. 정작 독자들이 원하는 것은 순수한 '재미'인데 말이죠!

한번 생각해 보시죠! 회사를 다니는 직장인 분들은 기업의 사장으로부터 월급을 받습니다. 그래서 사장을 비롯한 경영진이 원하는 대로 업무를 수행하죠. 자영업자들은 어떤가요? 재화를 구입하는 고객들로부터 매출을 냅니다. 그렇기에 고객들의 니즈에 부합하는 재화를 만들어 판매하죠. 그렇다면 웹소설 작가들의 수입은 어디서 나올까요?

당연히 독자들에게 나올 겁니다. 이를테면 독자들이 사장님이자 고객인 셈인데요, 생각보다 많은 분들이 웹소설을 기획할 때 '독자의 니즈'가 아닌 '작가의 기호'에 따라 작품을 구상합니다. 이런 생각은 대단히 잘못된 마인드라는 걸 말씀드리고 싶어요!

여러분들은 그렇게 생각하실 거예요. '아니, 그걸 모르는 사람도 있어?',

'독자들의 기호에 부합하는 작품을 구상하는 게 그렇게 어려워?' 라고요. 하지만 눈앞에서 수강생들의 작품을 피드백하다 보면, '제 입장에서는 이런 구성이 재미있는 것 같아서요' 혹은 '제 기준에는 이게 들어가야 할 것 같아요'라는 말을 꽤 많이 듣습니다.

여기서의 착오는 뭘까요? 네, 바로 '기준'입니다. 우리가 웹소설을 쓸 때에는 '작가의 기준'이 아니라 '독자의 기준'에 맞춘 글을 써야 합니다. 그러면 독자의 '기준'은 어떻게 파악할 수 있을까요?

웹소설 시장에는 아주 찾아보기 쉽고 정확한 해답이 이미 존재하고 있습니다. 바로 '랭킹'과 '조회수(매출)'입니다. 저는 스스로 작품을 쓸 때, 그리고 수강생 분들에게 강의를 할 때 '이래도 되는지'에 대한 판단 근거를 위에 언급한 두 가지 요소로 확인합니다. 매출이 많으면 자연스럽게 랭킹이 올라가니 궁극적으로는 같은 요소라고도 볼 수 있는데요, 자신이 쓰고 있는 작품의 구조나 설정이 웹소설에 어울리는지는 해당 장르의 랭킹작과 유사한 매력이 있는지 여부로 정하는 게 이상적인 길입니다.

만약 본인이 쓰는 작품이 해당 장르의 상위권 소설과 비슷한 점이 거의 없다? 그러면 기획 단계부터 다시 시작하기를 추천드립니다!

부산 콘텐츠 코리아 랩의 강연 장면

마인드셋은 중요합니다. 두 번, 열 번, 백 번을 강조해도 모자람이 없습니다. 작가로서의 에고가 확고한 분들은 스스로의 소신을 잘 굽히지 않거든요. 하지만 웹소설은 노골적인 상업 소설이고, 작가가 쓰고 싶은 글이 아니라 독자가 읽고 싶은 글을 써야 합니다. 강의를 하면서 신기하면서도 안타까운 경험을 자주 하는데요. 자신이 작가로서 '에고'가 강한지 아닌지를 스스로가 잘 모른다는 점입니다. '저는 원고를 처음부터 끝까지 모두 뜯어고쳐도 상관없어요', '저는 작가로서 제 소신이 그다지 뚜렷하지 않습니다'라고 말씀하시는 분들이 많지만, 실제로 수업을 하다 보면 전혀 그렇지 않은 경우가 많았습니다.

제 수업을 오랫동안 수강한 A라는 분이 계십니다. 저를 볼 때마다 허리를 90도로 굽히며 인사를 하시고, 제 목 건강을 위해서 때때로 음료도 챙겨 주시고, 수업시간 내내 적극적으로 참여하십니다. 저를 인간적으로 존중해 주시는 태도에 매번 감사한 마음이 드는 분입니다.

하지만 무척이나 안타깝게도, 그렇게 저를 따르는 A님께서 정작 원고를 가져오시면 제가 말씀드린 의견이 전혀 반영이 되어 있지 않습니다. 강사인 저를 인간적으로 대해 주시는 것과 작가로서의 에고를 굽히지 않는 것은 완전히 다르다는 것을 그분을 통해 절절히 깨달았어요. '아휴, 제가 이걸 바꾸려고 했는데 잘 안 됐어요.', '강사님. 저는 이 요소를 꼭 넣고 싶은데, 안 되는 걸까요?'

수업 때마다 예의를 갖춰서 정중하게 대화를 나누지만, 가장 중요한 것을 바꾸지 않으려는 분들이 생각보다 많습니다. 제가 강의 초반에 '마인드셋' 항목을 계속 강조하는 이유입니다!

3. 작품의 시작

자, 그럼 본격적으로 웹소설을 만들어 볼까요? 우리가 웹소설을 처음 쓸 때 고려할 사항이 있습니다. 그건 바로 '경험'입니다. 웹소설을 집필하는 데 있어 '경험'은 작가의 근본이 되는 요소입니다. 경험에는 '직접적인 경험'과 '간접적인 경험'이 있습니다.

'직접적인 경험'은 여러분들이 삶을 살면서 체험한 일을 말합니다. 회사원 분들은 직장 생활이, 개인 사업을 하시는 분들은 사업체에서 체험한 일들이 되겠죠? 제가 투잡, 겸업 작가 강연을 나갈 때 드리는 팁 중 하나가 바로 이 '직접적인 경험'을 적극적으로 이용하시라는 것이었습니다.

우리가 웹소설을 집필할 때 해당 세계관을 세세하게 아는지의 여부를 독자들은 생각보다 예리하게 파악합니다. 작품의 서사나 인물들의 대화, 해당 업계에서만 사용하는 전문 용어를 보며 '이 작가가 정말로 이 세계에 대해 잘 알고 있는지' 판단하고, 그 세계관을 잘 알고 있다는 생각이 들면 작품에 급속히 빠져듭니다. 내가 직접 경험한 세상만큼 확실하게 표현할 수 있는 세계관은 없겠죠?

'직접적인 경험'이 중요한 또 한 가지 이유는 '소재'를 찾기가 편하기 때문입니다. 저 또한 10년 넘게 직장 생활을 해 온 사람으로서, 회사 내에서 종종 이런 생각들을 해 본 적이 있어요. '아, 나에게 이런 능력이 있다면 다음 실적은 내가 탑일 텐데.', '나에게 이런 특별한 능력이 있으면 승진은 따 놓은 당상일 텐데.' '내가 이게 되면 십 년 안에 대표 된다.'

이러한 상상들이 웹소설을 기획하는 데 아주아주 중요한 역할을 합니다. 사업체를 보유하신 분들도 마찬가지겠죠? 내가 사업을 하는 데 있어 '이런 능력이 있다면 정말 꿀이겠다'라는 상상을 웹소설에 반영한다면, 리얼한 세계관과 더불어 독자들의 흥미를 끌 가능성이 대단히 높습니다.

비단 나의 생업뿐만 아니라, 예체능과 관련된 경험도 웹소설에 반영할 수 있겠죠?

내가 즐겼던 스포츠, 노래, 게임, 소위 말하는 덕질까지. 직접적으로 경험한 소재들은 웹소설을 집필할 때 많은 도움이 됩니다. 제 경우에는 어떨까요? 저는 어린 시절부터 프로야구를 꾸준히 시청했고, 직장인이 된 후에는 10년 이상 사회인 야구를 경험했습니다. 그 덕분인지 처음으로 유료 연재를 성공한 장르가 야구(스포츠)물이었어요.

지금까지 연재한 작품 중 가장 높은 매출을 기록한 작품이 〈슈퍼스타 천대리〉라는 직장인 밴드물이었는데요, 10년 넘게 직장 생활을 했던 경험과

고등학교 시절 밴드부 생활을 했던 경험이 시너지를 발휘했던 것 같아요. 제가 야구와 직장 생활, 밴드부 경험이 없었다면 분명 그 정도의 성적이 나오지 않았을 겁니다. 어쩌면 론칭 자체가 불가능했을지도 모르죠!

자, 이렇게 생각하시는 분들도 있을 거예요. '나는 이렇다 할 경험이 별로 없는데, 그럼 웹소설을 쓰지 못하는 건가?', '나는 아직 나이가 어려서 학생인데 어떻게 하지?', '아니, 판타지 장르는 직접 경험할 수가 없는데 어떻게 하라는 거야?'

네, 이런 부분을 보완할 수 있는 것이 바로 '간접적인 경험'입니다. 말이 거창할 뿐, '간접적인 경험'이라는 건 결국 기존의 웹소설을 많이 읽어 보시라는 거예요! 우리가 직접 경험하지 못한 장르, 소재라 할지라도 그와 관련된 웹소설을 많이 읽으면(인풋), 직접적인 경험을 대체할 수 있습니다. 특히나 판타지 장르는 직접적인 경험이 불가능하니 '인풋'이 필수적입니다!

〈슈퍼스타 천대리〉 또한 직장 경험과 밴드 경험이 녹아든 작품이지만, 한편으로는 주인공의 스승(유령)과 관련된 판타지적인 요소가 있습니다. 이건

〈슈퍼스타 천대리〉 웹툰 ⓒDo8글, 이재국 그림, 박경원 원작

다른 판타지 작품을 읽으면서 간접적으로 경험한 것을 저만의 방식으로 표현해 낸 것이죠!

이와 관련해서 웃지 못할 사연도 있었는데요, 강의를 할 때 히로인(주인공의 여자친구)과 관련해서 이런 이야기를 한 적이 있습니다.

"여성 캐릭터가 등장할 때마다 잘 나가던 흐름이 엎어질 때가 있습니다. 정말 죄송한 말씀인데, 연애 경험이 많지 않거나 평소에 여성들과 커뮤니케이션을 할 기회가 별로 없으신 분들은 히로인을 넣지 않는 걸 추천드립니다."

현실 세계에서 여성과 쌓은 직접적인 경험이 없다면 어색한 부분이 나타날 확률이 높기 때문이지요. 그런데 일대일로 원고 피드백을 할 때, 어떤 분께서 조심스럽게 말씀하셨어요.

"강사님, 제가 사실은 30년 동안 모쏠이었는데, 그러면 히로인을 넣으면 안 되는 걸까요?"

강의를 하면서 정말 크게 당황했던 몇 안 되는 순간이었습니다. 왠지 수강생의 아픈 부분을 건드린 것은 아닐까 하고 말이죠. 하지만 강사로서 객관적으로 답변을 해야 했기에, 다음과 같이 설명했습니다.

"기본적으로 안 넣는 것을 추천하지만, 경험이 꼭 직접적일 필요는 없습니다. 히로인의 매력이 뛰어나거나, 여성 캐릭터가 잘 구성된 웹소설을 많이 읽어 보신 후(간접적인 경험) 소설 속에 투입하시면 어떨까요?!"

4. 장르와 소재

 장르란 무엇일까요? 저는 강의를 하면서 장르에 대해 '약속'이라고 표현을 합니다. 앞으로 이런 전개가 진행된다는, 작가가 독자에게 하는 일종의 약속인 셈이죠! 우리는 장르라는 커다란 범주 속에서 소설의 전개를 짐작할 수 있습니다. 예를 들어 볼까요? 〈재벌집 막내아들〉의 경우, 현대 판타지 혹은 재벌물 정도로 장르를 지정할 수 있을 겁니다.

 그런데 만약 진도준이 한창 '순양'그룹의 기업을 차곡차곡 점령해 나가다가 갑자기 야구선수가 되겠다고 선언을 합니다. 혹은 아이돌 가수가 되겠다고 오디션을 보러 갑니다. 이러면 독자들은 어떤 기분을 느낄까요? 오만 감정이 스쳐 지나가겠지만, 가장 큰 감정은 배신감 혹은 실망감일 것입니다.

 무엇에 대한 배신감일까요? 앞서 언급한 '약속'을 지키지 않았다는 배신감입니다. 현대 판타지 재벌물의 경우 주인공이 원하는 기업을 끝내 차지하거나 재벌이 되는 과정을 담기로 '약속'한 장르입니다. 이 약속을 지키지 않고 이상한 길로 빠지게 되면, 그건 해당 장르에 맞지 않은 소설이고 약속을 지키지 못한 소설이 됩니다.

장르는 크게 남성향 장르와 여성향 장르로 분류할 수 있습니다.

남성향 장르는 '판타지', '현대 판타지', '무협'이 대표적입니다.

여성향 장르는 '로맨스 판타지', '현대 로맨스' 등이 있습니다.

분류를 크게 나누어서 정리한 것일 뿐, 현대 판타지 안에서도 '헌터물/전문가물' 등으로 세분화할 수 있고, 로맨스 판타지의 경우에도 '로맨스/걸크러시/육아물' 등으로 나눌 수 있습니다. 아포칼립스나 SF같은 마이너 장르도 존재하구요! 요즘에는 장르를 섞거나 퓨전을 하는 경우도 많아서, 커다란 대분류 안에서 이런저런 장르와 소재가 혼재합니다. 형태는 육아물인데 배경이 무협이라던지, 현대 판타지임에도 흔치않게 여성 주인공이 나타난다던지. 전형적인 기준으로는 분류할 수 없는 장르도 많이 나오고 있습니다.

또한 본 도서에서는 다루지 않지만 BL도 굉장히 큰 시장이 형성되어 있습니다!

앞서 웹소설에 도전할 때 '시장 분석'은 할 필요가 없다고 말씀드렸는데요, '네이버 시리즈'와 '카카오페이지'의 경우 남녀 가릴 것 없이 독자들이 많은 편입니다. 반면 플랫폼별로 남녀의 비율이 극단적으로 갈리는 경우도 있는데요, '문피아'와 '노벨피아'의 경우 남성 독자들이 대부분이고, '리디북스'와 '조아라'는 여성 독자들의 비율이 압도적으로 높습니다.

장르에는 메이저 장르가 있고 마이너 장르가 있습니다. 어떤 기준으로 구분할까요? 판단 기준이 다양하겠지만, 결국 저는 '매출'이라고 생각합니다. 독자들이 많이 읽어 주는, 판매가 잘 되는 장르들. 그것이 바로 메이저 장르가 되겠죠. 같은 의미로 '메이저 장르'는 시대의 흐름에 따라 얼마든지 바뀔 수 있습니다. 예전에는 독자들이 잘 구매하지 않았던 장르가 요즘 잘 팔리면 그게 새로운 '메이저 장르'가 되는 거죠! 반대로 예전에는 잘 팔리던 장르가 최근 매출이 지지부진하다면, 평가는 바뀌고요.

저는 대학이나 아카데미에서 강의를 하면서 스스로를 '확률무새'라고 부

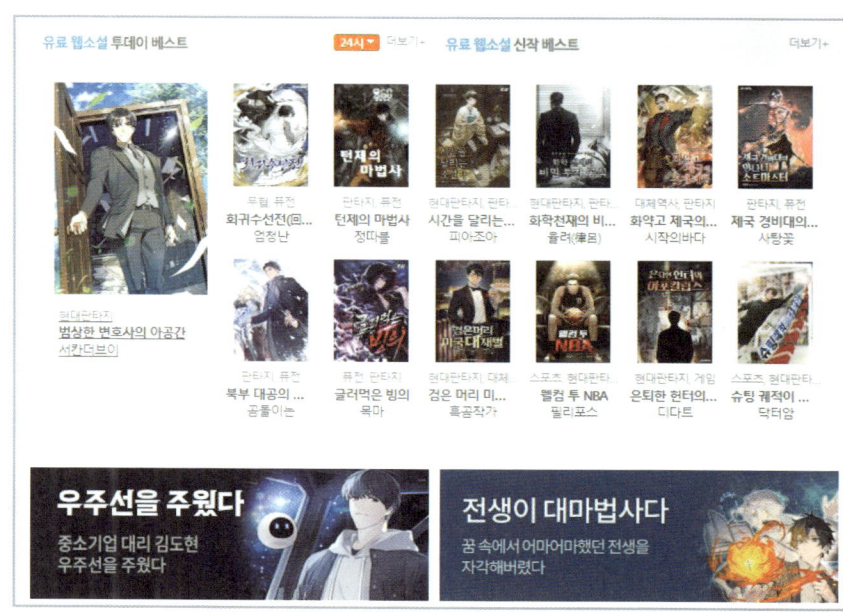

남성향 소설이 주류인 문피아 메인화면 ⓒ문피아

릅니다. 웹소설에서 잘 팔리는 장르, 많은 사람들이 좋아하는 소재와 클리셰를 부르짖으며 '이렇게 해야 확률을 높일 수 있습니다!'라고 이야기합니다. 왜 그럴까요? 마이너 장르라고 하더라도 퀄리티 높은 글을 쓸 수 있다면 되는 것 아닐까요? 적어도 우리가 '웹소설 작가로의 데뷔'가 목표라면 그 가정은 잘못되었습니다.

상상해 볼게요. 여러분이 웹소설 출판사의 직원이고, 두 개의 작품 중 하나만 계약해야 하는 상황이라고 가정해 보겠습니다. A 작품과 B 작품의 수준은 동일해요. 재미도 비슷비슷하고 말이죠. 그런데 A 작품의 장르는 많은 사람들이 즐겨 찾는 메이저 장르고, B는 전체 시장의 5%도 안되는 마이너 장르 작품입니다. 여러분들이 출판사 직원이라면 어떤 선택을 하시겠어요?

자본주의 사회에서 영리를 추구하는 기업의 직원이라면 누구나 A를 선택할 겁니다. 이건 지극히 당연한 과정입니다. 아무리 잘 만든 작품이라도 시장 규모가 작은 장르라면 고민됩니다. 1조짜리 시장에서 3천억의 지분을 차지하는 장르의 작품과, 고작해야 전체 매출이 300억인 장르. 답은 정해져 있습니다. 그래서 저는 강의를 하면서 매일 '확률'을 언급하죠.

재미있는 건 출판사에서도 원고를 심사할 때 반복적으로 언급하는 단어가 있습니다. 바로 '상업성'이라는 것인데요, 투고한 원고를 피드백해 주실 때, 거의 모든 원고마다 '상업성'이라는 단어가 포함이 됩니다. '확률'과 '상업성'. 과연 두 단어에 차이가 있을까요?

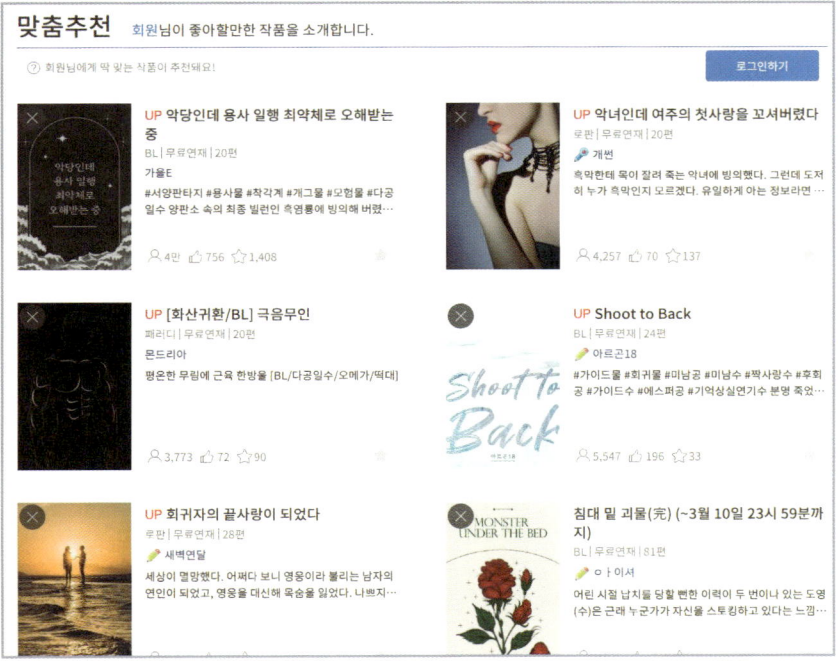

조아라의 맞춤추천 화면 ⓒ조아라

남성향 장르와 여성향 장르는 큰 틀에서 다음과 같은 차이가 있습니다.
남성향 장르의 경우 내가 직접 무언가를 쟁취하는 데 목적을 둡니다.
이 세계의 최강이라는 타이틀, 기업의 총수, 재벌, 복수 등 뚜렷한 목표의식을 가지고 그것을 손에 쥐려고 하죠.

반면 여성향 장르의 경우, 스스로가 그 욕망의 대상이 되기를 원하는 편입니다. 이른바 누군가의 '워너비'가 되고 싶어 하는 것이죠. 강렬한 사랑과 욕망의 대상이 되거나, 주변인들의 부러움과 동경을 받기를 원하는 욕구가 여성향 소설의 특징이라고 볼 수 있습니다.

이런 기본적인 구성을 통해 장르의 전개를 따져 볼까요?

'마법사'와 '소드마스터'가 나오는 중세 판타지의 경우 '이 세계의 최강'이나 '복수'에 초점을 두고 서사가 진행됩니다. 내가 직접 쟁취해야 할 남성향 소설의 전형적인 패턴이죠.

스포츠 스타나 아이돌같은 전문가물도 마찬가지입니다. 세계 최고의 선수가 되어 우승컵을 들어 올리거나 세계에서 가장 많은 음반을 판매한 아이돌이 되는 것. 이런 것도 모두 남성향 장르의 욕구에 부합합니다. 소위 '헌터'나 '플레이어'로 불리는 현대 판타지나 무협의 경우에도 비슷한 전개입니다. 몬스터나 천마로부터 가족을 잃거나 패배한 뒤, 복수를 다짐하며 실력을 키워 세계관 최강이 되는 전개가 대부분이죠.

여성향 소설의 경우 누군가의 욕망의 대상이 되기를 원한다고 말씀드렸습니다. 가장 대표적인 것이 바로 남주의 욕망, 사랑이죠. 로맨스 판타지와 현대 로맨스 모두 공통적으로 적용할 수 있는 개념입니다. 로맨스 판타지의 경우 현대 로맨스와는 달리 남성향의 색채(주인공이 스스로 무언가를 쟁취하는)가 들어가기는 하지만, 남주나 다른 등장인물들이 주인공을 갈망한다는 점에서는 비슷합니다.

모든 작품이 다 동일한 전개를 보이지는 않아도, 대단히 높은 '확률'로 위와 같은 장르별 전개와 목표 의식이 지정됩니다.

🔍 5. 클리셰

저는 '작가컴퍼니' 출판사와 전속 계약을 맺고 있습니다. '작가컴퍼니' 출판사에는 뛰어난 작가들이 여럿 있는데요, 〈천마는 평범하게 살 수 없다〉, 〈악의 등교〉, 〈축구를 너무 잘함〉 등을 집필한 산천 작가님 역시 작가컴퍼니 소속입니다. 작품 하나로 5천만이 넘는 조회수를 기록했으니 말 다했죠? 그분이 '작가친구들'이라는 유튜브에 출연하신 적이 있었어요. 웹소설과 관련해 이런저런 이야기를 나누는 채널이었죠. 여기서 산천 작가님이 조금 난처한 요청을 받습니다. '이 영상을 보는 작가 지망생을 위해 핵심 꿀팁을 말해 달라!'는 것이었습니다. 이왕 유튜브에 출연한 김에 뭐 하나는 내놓으라는(?) 익살스러운 요구였죠.

여기서 산천 작가님은 잠시 고민에 빠집니다. 작가 지망생에게 전달하고자 할 꿀팁이 과연 무엇일까? 제가 만약 저 촬영장에 있었다면 머릿속이 새하얗게 변했을 것 같은데요, 결국 산천 작가님은 다음과 같은 꿀팁을 제시합니다.

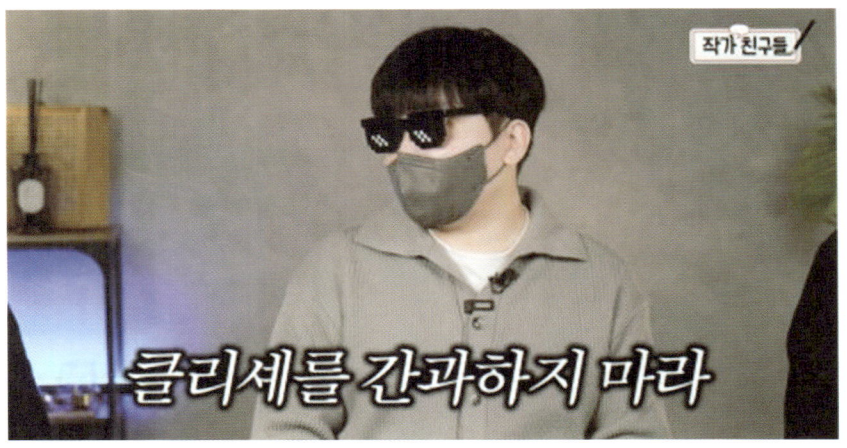

산천작가 그는 재능충일까? 심층 인터뷰와 지망생에게 하는 한줄팁까지!!

'클리셰를 간과하지 마라.'

이것이 산천 작가님이 작가 지망생들에게 전달한 핵심 꿀팁이었습니다.

자 여러분, 어떤가요? 손바닥을 마주치며 '과연, 그렇군!'이라고 외치는 분도 있겠지만, '뭐지. 이게 꿀팁인가?'라고 생각하시는 분도 있을 겁니다. 그도 그럴 것이, 대부분의 작가 지망생은 클리셰가 중요하다는 것을 이미 아시니까요.

자 그럼, 여기서 '산천 작가님 시점'으로 이동해 보겠습니다. 산천 작가님은 이 대답을 했을 때 실망하는 시청자도 있을 것이라는 사실을 예상하지 못했을까요? 저는 아니라고 생각합니다. 이렇게 대답했을 때 좋은 반응이 나오지 않을 수도 있지만, 그럼에도 불구하고 무조건 지켜야 하는 핵심 내용이라서 언급해 주셨다고 생각해요.

산천 작가님 본인의 경험과도 일치합니다. 〈천마는 평범하게 살 수 없다〉를 준비할 당시, 산천 작가님은 '클리셰'를 확실하게 드러낸 작품을 쓰겠다 말씀하셨던 적이 있습니다. 작정하고 클리셰를 집어넣은 작품이 조회수 5천만의 초대박 작품이 된 거죠. 그러니 어찌 강조하지 않을 수가 있겠어요?

우리는 클리셰를 정확히 알아야 합니다. 산천 작가님이 제발 간과하지 말라며 언급했던 바로 그 클리셰! 검색해 보니 다음과 같은 내용이 나오는군요.

> **클리셰** 진부한 장면이나 판에 박힌 대화, 상투적 줄거리, 전형적인 수법이나 표현을 뜻하는 용어

자 어떤가요, 클리셰에 대한 정의가 완벽히 정립이 되셨나요? 개인적으로 저는 단어의 정의를 파고들면 들수록 더 어려워지는 기분이 들어서, 다음과 같이 쉽게 풀어 보겠습니다.

① 다 알면서도 보는 것 ② 뻔한데 보게 되는 것 ③ 욕하면서도 보는 것

예전에 티비를 보는 어머니께서 혀를 차는 모습을 본 적이 있습니다. '쯧쯧, 또 출생의 비밀이야?', '어찌된 게 요즘 드라마는 맨날 시집살이를 저렇게 시켜?' 이런 말씀을 하시면서 입맛을 다시지만, 결국에는 드라마가 끝날 때까지 자리를 떠나지 않으셨습니다. 다 알고, 뻔하면서, 때로는 거친 표현이 나오기도 하지만, 결국은 그걸 '본다'는 것이죠.

클리셰에는 이런 강력한 힘이 숨겨져 있습니다. 어른들이 주로 보시는 주말 드라마에는 어떤 클리셰가 있을까요? 출생의 비밀, 신데렐라 스토리, 불치병, 미혼(이혼)모, 재벌가의 남주, 시월드 등이 있을 겁니다. 이런 요소들은 이미 검증된 흥미로운 소재인지라 스토리 예상이 가능하고 뻔한데도 불구하고 여전히 시청자들의 사랑을 받고 있는 거죠.

이번에는 눈길을 돌려서 웹소설에는 어떤 클리셰가 있는지 확인해 보겠습니다. 조건은 같아요. 사람들이 '아, 또 이 소재야?', '또 이런 키워드야?' 라고 생각하는 것들을 나열하면 됩니다. '회빙환, 망나니, 악녀, 상태창, 먼치킨, 고인 물, 재벌남' 같은 것들이 있을 겁니다. 산천 작가님은 바로 이런 요소들을 절대 간과하지 말라고 이야기한 것이죠. 극단적으로 말해 '욕하면서 읽게 되는 것' 과 '욕은 안 하는데 읽지도 않는 것' 중에서 작가들은 어떤 선택을 해야 할까요?

코딩과 집필의 유사성

코딩	웹소설
· 프로그램의 기능을 위해 알고리즘을 사용함 · 이해할 수 있는 언어로 바꾸어 컴퓨터에 입력하는 과정	· 독자들에게 재미를 주기 위해 클리셰를 사용함 · 읽을 수 있는 텍스트를 만들어 내는 과정

저는 이 강의를 하기 전에 개발자 분들이 있는지 조심스럽게 여쭤 보곤 합니다. 코딩에 대해 잘 모르면서 비유를 하기가 무서웠거든요 =) 하지만 실제 코딩을 다루시는 분들이 괜찮은 비유인 것 같다고 말씀해 주셔서 지면으로도 소개해 볼까 합니다. 독자 여러분, 저는 코딩이라는 개념을 알게 된 이후로 웹소설과 참 비슷하다는 생각을 가졌습니다.

코딩의 궁극적인 목표가 무엇일까요? 사용자들이 원하는 대로 프로그램이 '기능'할 수 있도록 만드는 겁니다. 그리고 그 프로그램이 '기능'을 하기 위해서는 정해진 명령어를 넣어야 하죠.

웹소설을 볼까요? 앞서 우리는 웹소설을 읽는 이유에 대한 설문조사를 확인했습니다. 1위가 무엇이었는지 기억하시나요?

'무료한 시간을 달래기 위해서'입니다.

다른 말로 '재미'라고 표현할 수 있습니다. 웹소설의 궁극적인 목표는 '재미'입니다. 그리고 '클리셰'는 바로 이 웹소설의 궁극적인 목표를 수행하기 위해 필요한 '명령어' 역할을 하는 것이죠. 정리하자면 다음과 같습니다.

코딩과 집필의 유사성	코딩	VS	웹소설
궁극적인 목표	기능		재미
목표를 위해 필요한 것	명령어		클리셰

이렇게 정리하니 이해가 잘 되시죠? 이 개념에 거부감이 드는 분들도 분명히 있을 겁니다. 순수한 창작의 영역인 웹소설에 기계적인 방식의 접근법을 적용했으니까요. 하지만 앞선 설문조사에서 우리는 확인했습니다. 독자들이 원하는 바는 '예술성, 교훈, 성찰, 메시지'와 같은 것이 아니라는 것을요. 우리는 좀더 기계적인 시선으로 웹소설을 바라보아야 합니다. 입력값을 제대로 넣어야 출력값이 원하는 대로 나온다는 마인드가 필요해요. 작가에게는 저마다 타고난 문체가 있기 때문에, 이렇게 기계적으로 접근하더라도 작가의 특성은 작품에서 무조건 나오게 되어 있습니다. 작품이 개성을 잃을까 걱정하기 전에, 어떻게 하면 제대로 된 명령어(클리셰)를 넣을 수 있을지를 먼저 고민해야 한다고 생각합니다!

6. 웹소설의 소재

　자, 이번 챕터는 웹소설의 소재를 이야기하겠습니다. 웹소설의 소재, 어떻게 보면 '클리셰'와 비슷한데요! 간단히 정리하면 웹소설을 재미있게 만들 수 있는 재료(도구)라고 봐도 되겠네요.

　개인적으로 웹소설에 존재하는 소재를 주욱 열거하는 것은 큰 도움이 되지 않는다고 생각합니다. 절대 귀찮아서가 아닙니다! 소재는 소설의 배경(시대)에 따라, 장르에 따라, 스토리 등에 따라 다양하게 사용할 수 있습니다.

　〈마법명가에 환생한 검술천재〉란 제목을 볼까요? 여기에는 '마법명가'라는 주인공의 가문과 '환생'이라는 전형적인 클리셰, 그리고 '검술천재'라는 주인공의 능력과 관련된 소재가 사용되었습니다. 〈망나니의 몸에 빙의한 대마법사〉를 볼까요? 주인공의 특성과 관련된 '망나니'라는 소재, 그리고 '빙의'라는 클리셰, 주인공의 능력과 관련된 '대마법사'라는 소재가 쓰였습니다. 실제로 카카오페이지에서 큰 인기를 얻은 〈환생한 암살자는 검술천재〉라는 소설은 어떤가요? 이 역시 '환생'이라는 클리셰를 사용했고, 암살자라는 특성, '검술천재'라는 주인공의 능력을 부각시켰습니다.

매력적인 소재는 장르를 불문하고 무척이나 중요한 요소입니다. 자 그럼, 매력적인 소재라는 건 어떤 것일까요?

아쉽게도 그건 제가 확답할 수 없습니다. 매력적인, 인기 있는 소재는 시대에 따라 자연스럽게 '변화'하기 때문이에요. 예전에는 사람들에게 인기 있던 소재가 현재에는 비호감이 되는 경우도 있습니다. '회빙환'과 같은 아주 전형적인 클리셰를 제외하면, 인기 있는 소재는 계속해서 변화합니다. 우리가 매일 같은 반찬만 먹으면 질리듯이 말이에요!

다만 현재 인기 있는 소재가 무엇인지 파악하는 것은 어렵지 않습니다. 화면을 볼까요?

리디북스 로맨스/로판 키워드 ⓒ리디북스

이 화면은 리디북스 홈페이지에 있는 '로맨스/로판' 키워드 검색입니다. '키워드'는 '소재'와 비슷한 의미로 사용되는데요, 얼핏 보기에도 굉장히 많죠? 현대 로맨스나 로맨스 판타지를 쓰고 싶으시다면 여기 나온 키워드들을 익히시길 추천드립니다. 물론 이 키워드가 리디북스에만 있는 건 아니에요. 플랫폼마다 화면 구성이 조금씩 다르지만 대부분 작품별 키워드 정리가 잘 되어 있습니다.

저는 그래서 강의를 할 때 소재와 관련된 질문을 받으면, 다음과 같이 답변을 드립니다. '본인이 쓰려는 플랫폼, 그리고 장르의 인기작 키워드를 모아 보세요'라고요.

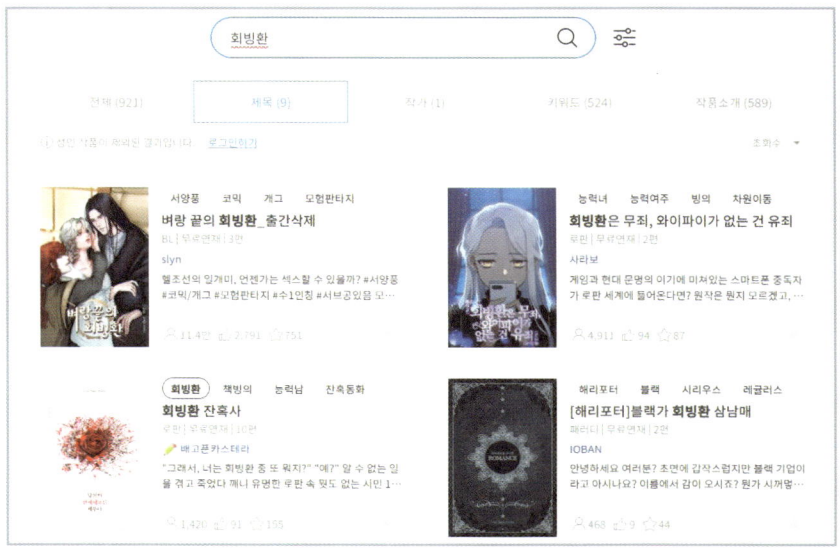

조아라에서 '회빙환'으로 검색 시 589개의 작품의 검색됨 ⓒ조아라

 가장 좋은 것은 인기작들을 전부 읽으면서 '인풋'을 하는 것이겠지만, 시간과 금전 제약으로 인해 힘들다면, 최소한 '키워드'만이라도 분석하시길 추천합니다. 그렇게 작품마다 키워드를 하나 둘 모으다 보면 자연스럽게 통찰력이 생깁니다. 수십 개의 작품에서 추출한 키워드들 중에 유난히 겹치는 소재들이 생기거든요. 이를테면 '회빙환'이나 '복수'같은 키워드는 장르를 불문하고 굉장히 많이 쓰이는 키워드들입니다. 어느 작품에서나 많이 보이는 소재. 이것은 다른 말로 '클리셰'가 되겠죠? 이 작업은 전통적인 클리셰를 알아 가는 데도 유용하지만, 최근 유행하는 '대세'가 무엇인지 파악하는데도 쓰입니다.

 앞서 말씀드렸듯 매력적인 소재, 인기 있는 소재라는 건 시대의 흐름을 타기 마련입니다. 최근 론칭한 신작, 혹은 최근에 인기가 많은 웹소설에 어떤 키워드가 중복되어 있는지 확인한다면, 현재 어떤 소재가 유행하고 있는지 명확히 파악할 수 있겠죠!

7. 웹소설의 시점

이번 챕터에서는 웹소설의 시점에 대해 알아보겠습니다. 시점은 서술자(화자)의 관점을 이야기 합니다. 웹소설에서는 크게 1인칭(주인공) 시점, 3인칭(전지적) 시점을 사용합니다. 사실상 이 두 가지 외에는 거의 없는 것 같네요. 두 시점을 구분하는 방법은 쉽습니다. 주인공을 '나'로 서술하면 1인칭, '주인공의 이름'으로 서술하면 3인칭이 됩니다. 박대리가 주인공인 소설이라고 생각하면, '나는 오늘 여자친구에게 차였다'가 1인칭 시점, '박대리는 오늘 여자친구에게 차였다'가 3인칭 시점이 되겠죠?

1인칭 VS 3인칭

아기의 시점과 부모의 시점. 같은 상황이지만 다른 분위기

두 개의 그림이 있습니다. 언뜻 보면 다른 상황처럼 보이지만, 유심히 보면 두 장면이 모두 같은 상황이라는 걸 알 수 있어요. 같은 공간 속에서 '시점'만 다를 뿐이죠! 왼쪽 장면은 3인칭 시점, 오른쪽 사진은 1인칭 아기 시점입니다.

우리가 여기서 주목할 점은, 같은 상황임에도 불구하고 시점에 따라 분위기가 사뭇 달라진다는 것입니다! 왼쪽의 분위기를 보면 어떤가요? 굉장히 사랑스럽고, 귀여운 느낌이 들죠? 어른들이 바라보는 귀여운 아기의 모습이 그러한 분위기를 만들고 있습니다. 하지만 오른쪽 그림은 어떤가요? 뭔지 모르지만 신기하고 재미있어 보이는 느낌이 들 겁니다. 아기의 시점으로는 정보가 제한적이고 인물들의 대화도 해석할 수 없으니, 그저 눈앞의 모빌에 흥미를 가질 뿐이죠.

이렇듯 같은 상황도 시점에 따라 다른 분위기를 연출할 수 있습니다. 조금 뒤에 설명하겠지만, 이 특성은 웹소설 안의 서술에서 엄청나게 강력한 힘을 발휘하게 됩니다!

배재대학교 수업 중 시점에 대한 강의를 하고 있는 저자의 모습

일단 각 시점의 장단점부터 확인해 보도록 하겠습니다.

1인칭 시점 화자가 '나'라는 데에서 오는 강한 몰입을 줄 수 있습니다. 독자로 하여금 남이 아닌 내 이야기처럼 느끼게 만드는 화법인 거죠! 주인공의 감정이나 상황, 심리 등을 직접적으로 느끼면서 생동감을 받을 수 있습니다. 작가의 입장에서는 주인공을 '나'라고 가정해 일기나 수필을 쓰듯 작성할 수 있다는 장점도 있겠네요.

반대로 단점도 있습니다. 정보의 전달이 한정적입니다. 주인공이 없는 자리에서 일어나는 이야기, 주인공이 인식할 수 없는 공간에서 속삭이는 대화들, 이런 것들은 1인칭 시점에서 사용할 수 없는 것들입니다! 또한 1인칭 시점이 계속해서 반복되면 지루함이 생길 수도 있습니다. 주인공도 하나의 캐릭터인지라, 카메라가 주인공 한 명만을 계속 주시한다면 단조롭다는 느낌이 들 수 있는 거죠! 마지막으로 주인공이 아닌 다른 캐릭터의 심리나 상황들을 상세히 묘사하기 어렵다는 단점도 있습니다. 하지만 이 단점이 아주 특수한 상황에서는 장점으로 발휘되기도 하는데요, 그 부분은 차후에 설명하겠습니다!

3인칭 시점 3인칭 시점의 가장 큰 장점은 정보 전달 능력입니다. 주인공은 물론이고 다른 인물들의 상세한 생각, 감정, 상황 묘사 등이 가능하죠. 자유로운 장면 전환으로 다채로운 상황 제시가 가능하고, 때로는 미래 예지 등 보다 다양한 형식으로 서술이 가능합니다. 다만 1인칭과 달리 주인공 캐릭터와 거리감이 느껴질 수 있고, 흔히 TMI 라고 부르는 과도한 서술, 잦은 시점 변경으로 인한 독자의 혼란을 야기할 수 있습니다. 전지전능한 시점이지만, 조금 딱딱한 느낌이 들 수 있다고 요약할 수 있겠네요!

여기 두 가지의 서술이 있습니다. 앞서 배웠던 대로 시점을 확인해 볼까요? '카인'이라는 주인공을 '나'로 서술하는 왼쪽이 1인칭, '카인'이라는 주인공의 이름을 그대로 사용하는 오른쪽이 3인칭 시점입니다. 여기서 우리가 주목하는 점은 주인공 '카인'이 아니라 다른 등장인물의 서술입니다.

시점별 비교

1인칭 시점	3인칭 시점
에그레스 후작가의 연회는 무척이나 소란스러웠다. 무슨 시장통도 아니고. 나를 힐끗거리는 세 명의 귀족 자제들을 발견했다. 무엇인지 소곤거리며 연신 헤죽대는 모습이 영 마음에 들지 않았다. 하지만 크게 신경 쓰지도 않았다. 애초에 이 연회에 온 목적은 저 멍청이들이 아니라 에그레스 후작을 만나 담판을 짓기 위함이니까. 에그레스 후작은 어느새 다가와 나를 바라보고 있었다. 눈으로 말하는 듯하다. 왜 여기까지 찾아왔느냐. 그야, 거래하기 위해서지.	카인이 에그레스 후작가의 연회장으로 들어서자 시선이 쏠렸다. 그중 가장 적극적인 시선을 보내는 셋이 있었다. 카인을 시샘하는 귀족 무리였다. "저놈이 비겁한 수를 써서 헬레인 남작을 이겼다지?" "어디 근본도 없는 녀석이 이런 연회장에 들어와?" 물론 카인은 그쪽엔 신경조차 두지 않고 사람들이 가득한 연회장을 가로질러 본래 목적이던 에그레스 후작에게 향했다. 에그레스 후작은 마침 카인을 발견하고 다가오던 참이었다. 그의 표정이 복잡한 심경을 대변해 주는 듯했다. '저 망할 녀석이 왜 여기까지 왔을까?' 카인의 의도는 간단했다. '후작 나으리, 거래 좀 하러 왔습니다.'

왼쪽은 주인공이 빌런들을 바라보며 '추측'을 합니다. 헤죽대는 표정, 소곤거리는 수상쩍은 행동들. 이런 정보들을 모아 주인공은 저들이 비우호적인 인물들이라고 결론을 내립니다. 또 에그레스 후작을 보며 '눈으로 말하는 듯하다'고 표현하죠. 이 또한 에그레스 후작의 행동거지를 통해 후작의 심리를 '추측'하는 겁니다.

자, 중요한 내용이니 집중해 주세요! 1인칭 시점에서 이러한 주인공의 추측은 99% 정답이어야 합니다. 왜냐면 1인칭 시점에서 독자들은 주인공의 판단만으로 소설의 모든 정보를 제공받기 때문이에요. 주인공이 여러 상황과 캐릭터에 대해 이런저런 추측을 했는데 절반 이상이 틀렸다? 이러면 소설을 진행할 수가 없습니다. 독자들이 대혼란에 빠지기 때문이죠. 그래서 주인공의 추측은 99% 정답이어야 하고, 아주 이례적인 경우에만 '일부러' 틀리게 됩니다. '일부러' 틀리는 이유와 목적에 대해서는 잠시 후에 설명하겠습니다!

반면 3인칭 시점을 볼까요? 1인칭 시점에서 주어진 단서를 가지고 주인공이 다른 등장인물을 '추측'했다면, 3인칭 시점은 대놓고 인물들의 마음속을 드러내 줍니다. '카인을 시샘하는 귀족 무리였다', '어디 근본도 없는 녀석이 이런 연회장에 들어와?', '저 망할 녀석이 왜 여기까지 왔을까'. 어때요. 참 쉽죠? 이렇듯 다양한 캐릭터의 감정과 속마음을 표현할 때에는 3인칭이 압도적으로 유리합니다. 그냥 속마음을 서술하면 그만이니까요!

조연의 1인칭 시점 소설을 보다 보면 주인공이 아닌 다른 등장인물의 시점이 나오기도 하죠? 이것을 편의상 '조연의 1인칭 시점'이라고 하겠습니다. 이렇게 시점을 바꾸어서 서술하는 이유는 무엇일까요? 예를 들어 보겠습니다. 주인공이 검술 훈련을 받는데, 교관이 주인공의 실력에 감탄하는 장면을 가정해 볼게요.

카인이 검을 휘두르자 교관 에스크가 감탄했다. 며칠 지나지 않았는데 그의 검술이 무척 늘었기 때문이다.

어떤가요? 우리 주인공이 좋은 평가를 받아 기분이 좋긴 한데, 뭔가 밋밋한 느낌이 들지 않나요? 이번에는 '조연의 1인칭 시점'을 사용해 보겠습니다.

절로 입이 떠억 벌어졌다. 눈앞의 장면이 비현실적으로 느껴졌다.
'저 녀석이 정녕 카인이 맞단 말인가?'
며칠 만에 비약적으로 상승한 그의 검술에 가슴이 격하게 진동한다. 이 녀석이라면 우리 제국의 희망이 되어 줄 것이다. 끓어오르는 고양감에 손끝이 가늘게 떨렸다.

어떤가요. 밋밋함이 좀 해소가 되었나요? 주인공 카인의 시점이나 3인칭 시점이 아니라 '조연의 1인칭화'를 쓰는 이유는 궁극적으로 독자들의 만족을 이끌어 내기 위해서입니다. 우리가 1인칭 시점을 사용하는 이유는 강력한 '몰입'이라고 했습니다. 조연을 1인칭 시점으로 만들어 버리면 당시에 조연이 느끼는 감정에 몰입할 수 있겠죠? 그 몰입한 감정이 '주인공의 카리스마'와 관련된 것이라면? 독자들은 짜릿한 카타르시스를 느낍니다. 주인공이 스스로의 활약에 '나 좀 쩌는 듯?'이라고 서술하는 건 좀 유치하고 맛이 없죠? 3인칭 시점으로 '카인은 대단했다'라고 서술하는 것도 밋밋하고요. 반면 조연의 1인칭 시점을 활용해 '아니! 저렇게 대단하다니!'라고 표현하면 주인공의 활약도 부각되고 맛도 살릴 수 있습니다. 그래서 일부러 시점을 바꿔 주인공을 평가하는 서술이 자주 나오는 것이죠. 이런 기법은 수없이 산재해 있어 굳이 예시 작품을 들 필요가 없을 정도입니다.

한 가지 질문을 드리겠습니다. 여러분, 주인공이나 동료들이 느끼는 '긍정적인 감정'은 읽는 독자들에게 어떻게 다가올까요? 당연히 독자들도 긍정적으로 받아들이겠죠? 주인공이나 동료는 독자들과 기본적으로 같은 편이니까요. 그럼 반대로, 주인공의 원수나 적, 소위 '빌런'들이 느끼는 긍정적인 감정은 독자들에게 어떻게 다가올까요? 보통은 고구마로 느껴질 겁니다. 주인공을 두들겨 패고 희열을 느끼는 빌런을 떠올리면 이해가 쉬워요. 이렇듯 빌런들의 감정은 독자들의 감정과 반대가 됩니다. 만약 빌런이 주인공의 활약에 두려움이나 공포를 느끼거나, 미칠 듯이 분노한다면 어떻게 될까요? 이는 독자들에게 사이다로 느껴지게 되죠.

기존 연출	변경 연출
카인의 검은 매서웠다. 적을 베고 찌르는 데 주저함이 없었고, 검이 지나간 자리마다 폭풍이 일었다. 그러나 카인의 얼굴은 덤덤할 따름이다. 아무런 감정 없이.	카인의 검에 경악을 금할 수 없었다. 저게 그 조용하던 카인이라고? 검격이 매서운 나머지 한 번이라도 제대로 받아내는 자가 없었다. 스칠 때마다 피보라가 일었다. 나는 그간 카인을 업신여겼던 때를 떠올리며 벌벌 떨었다. 저 칼바람이 모두 끝나면, 다음은 내 차례인가?

예시를 보면 이해가 잘 되시겠지요. 3인칭 시점으로 표현하는 것도 나름의 맛이 있지만, 이렇게 '빌런의 1인칭화'를 통해서 두려운 감정을 표출해 몰입도를 높힌다면, 이는 고스란히 독자들의 쾌감으로 이어지게 됩니다. '조연의 1인칭화'를 통해 사용한 기법을 '빌런의 1인칭화'에서도 동일하게 적용할 수 있어요!

웹소설의 시점에는 각각의 장단점이 있습니다. 여기서 우리가 주목할 점은 '시점을 반드시 고정시킬 필요는 없다'는 것입니다. 과거와 달리 시점이 오락가락한다고 해서 문제 삼는 독자들이 큰 폭으로 줄었습니다. 시중의 웹소설 중 시점을 혼용하는 작품은 얼마든지 볼 수 있습니다. 시점을 혼용해서 쓰는 소설이 고정해서 쓰는 소설보다 더 많지 않을까? 하는 생각이 들 정도로요.

과거에는 일관성이 중요시되었다면, 지금은 독자의 만족을 극대화할 시점을 상황에 맞게 '골라 쓴다'는 느낌이 강합니다. 어떻게 보면 이제 시점을 자유롭게 오가는 것이 작가의 능력이 되는 것 같아요! 다만 주의해야 할 것은, 시점 변경을 남발하면 독자들에게 큰 혼란을 야기할 수 있다는 점입니다. 하나의 사건이 완전히 전환될 때, 혹은 *** 표시 등을 통해 이전 서술과 구분점을 만들어 준 이후에 시점을 변경하는 것을 추천드립니다!

앞서 서술한 것처럼, 1인칭 시점에서 주인공의 '추측'은 99% 정답이어야 하고, 극히 일부분의 사례에서 틀릴 수 있다고 말씀드렸어요. 어떤 경우에 주인공의 추측이 틀리고, 그 목적은 무엇일까요? 주인공의 추측이 '그냥' 틀리는 경우는 없습니다. 반드시 작중에 어떤 의도를 가지고 틀리는 것이죠. 대표적인 예로 '반전'이 있습니다. 주인공이 단서를 모아 어떤 결론을 내렸는데, 생각지도 못한 변수로 인해 나중에 내용이 뒤집히는 거죠. 아군이라고 생각했던 존재가 알고 봤더니 스파이였거나, 원수라고 생각했던 천마가 알고 봤더니 아버지였다던지, 이렇게 말이죠. 주인공 시점에서는 파악할 정보가 제한적이기 때문에 이런 '반전'을 만들어 내기 용이한 점이 있습니다.

주인공의 '추측'이 틀리는 또하나의 경우는, '착각'이 있습니다. 주인공의 능력이나 매력을 해치지 않는 선에서 엉뚱한 결론을 내리는 거죠. 예시를 한번 보겠습니다.

- 쨍그랑!

"아앗…!"

하녀 엘레나의 신음소리가 방 안에 울려 퍼진다.
나는 그녀에게 다가가 물었다.

"무슨 일이야?"

"죄송합니다. 카인 도련님. 제가 실수로 유리컵을 그만…."

"한번 보여줘 봐."

이런. 깨진 유리가 엘레나의 발목을 스치고 지나간 모양이다.
복숭아뼈 위로 붉은 선혈이 흐른다.

"움직이지 말고 있어."

나는 품속에서 손수건을 꺼내 핏물을 닦았다.
그리고는 붕대를 찾아 상처 주변을 단단히 동여매었다.

"도, 도련님…!!"

하녀 엘레나가 나를 올려다본다.
한껏 달아오른 볼 위로 눈물이 그렁그렁하다.

> 흠.
> 말을 더듬는 것도 그렇고, 어지간히 아픈 모양이군.

자, 어떤가요? 우리는 이 대목에서 카인을 보며 어떤 생각을 하게 될까요?
엘레나가 정말 아파서 저런 반응을 보였다고 생각하시는 분들은 많이 없을 겁니다.

'쯧쯧, 저 멍청한 카인 녀석. 저게 아픈 사람의 반응이냐? 감격한 거지.'

독자들은 대부분 이렇게 생각할 겁니다. 도련님이라 불리는 카인과 하녀 엘레나의 신분 차이를 고려하면 귀족 신분의 주인공이 친히 상처를 치료하는 일은 일반적인 대처가 아니니까요. 엘레나는 주인공을 향해 감동을 받았거나, 호감도가 솟구쳐 볼이 달아올랐을 겁니다. 이렇듯 때에 따라 주인공의 '추측'이 틀리는 상황을 일부러 설계하면 재미있는 장면을 연출할 수 있을 겁니다. 여심의 마음을 전혀 알지 못하는 둔감한 주인공을 설정할 수 있는 거죠.

1인칭 시점에서 주인공의 '추측'을 일부러 틀리는 상황에 대해 알아봤습니다. 한 가지 유의해야 할 점은 '추측'이 틀리는 경우를 남발해서는 안 된다는 것입니다. 주인공은 냉철하고 정확한 판단력을 보일 때 매력적으로 보입니다. 반전이 끝없이 나온다거나 헛다리짚는 장면이 너무 많이 나오게 된다면 소설의 정체성도 흐려지고 주인공의 매력도 급감하는 리스크가 있으니 신중하게 사용하세요!

8. 웹소설의 서사

웹소설의 서사를 알아보겠습니다. 서사는 주인공이 펼쳐 나가는 전체 스토리입니다. 앞서 1부에서 천대리가 웹소설에 도전하는 과정을 읽으셨다면, 습작을 쓰더라도 완결을 내는 습관이 얼마나 중요한지 눈치채셨겠지요. 완결을 어떻게 하겠다, 라는 구상 없이 소설을 시작하게 되면 스토리가 엉뚱한 방향으로 튈 수가 있습니다.

그럼, 웹소설의 서사는 어떻게 구성해야 할까요?

소설의 전체적인 서사를 구상하는 방법은 작가에 따라 천차만별입니다. 아주 세세한 플롯까지 전부 짠 뒤에 소설을 연재하는 분들도 있고, 대강의 줄기만 잡아 놓고 시작하는 분, 심지어는 글을 쓰면서 그때그때(!) 서사를 전개해 나가는 작가님도 있습니다. 무엇이 옳고 그르다기보다 작가가 글을 쓰는 스타일의 차이라서 정답은 없다는 걸 미리 말씀드릴게요.

개인적으로 추천하고 싶은 단계는 다음과 같습니다.

① 시작과 끝을 정한다.
② 커다란 챕터를 몇 단계로 설정한다.
③ 채색을 하듯 챕터 사이를 자잘한 플롯으로 채운다.

저는 보통 2번과 3번 사이에서 원고를 쓰기 시작하는 편입니다.

우선 첫 번째로 시작과 끝인데요.

생각보다 많은 분들이 어려워하시지만, 의외로 작업이 쉽게 끝나기도 합니다.

일단 제일 먼저 생각하셔야 할 부분은, 시작과 끝을 완전히 반대(대칭)로 설정하셔야 한다는 거예요. 여러분들이 재미있게 읽은 웹소설을 떠올려 보시면 쉽게 이해가 가실 겁니다.

시작	불우한 환경 / 재능부족 / 패배 / 연인 없음(차임) / 약함 / 무명 / 토사구팽
엔딩	재벌로 도약 / 재능만개 / 승리 / 연애의 완성 / 최강 / 탑스타 / 복수의 성공명령어

어떤가요. 시작 파트에 정리해 놓은 키워드들을 보면 웹소설 초반에 많이 보이는 것들이죠? 누군가에게 패배해서 죽음을 당하거나, 재능이 없어서 노력을 해도 안 되거나, 혹은 재능이 있더라도 피치 못할 이유로 만개하지 못하거나, 원래 사귀던 남주에게 버림받거나 등의 설정들이 대부분입니다.

엔딩을 구상할 때에는 이와 반대되는 골(GOAL) 라인을 설정하면 됩니다. 〈재벌집 막내아들〉의 경우 '순양'이라는 기업에 충성했지만 토사구팽된 뒤 죽임을 당합니다(시작). 그리고는 회귀+빙의 후 '순양'이라는 기업의 주인(엔딩)이 되어 모든 것들을 지배하죠. 주인공의 출신부터 순양에 대한 포지션까지 모든 것이 정 반대(대칭)로 형성되어 있습니다.

〈재벌집 막내아들〉 웹툰 네이버 연재 페이지ⓒJP 글, 김병관 그림, 산경 원작

로맨스 판타지의 경우는 어떤가요? 소설 초반에 주인공이 배우자나 연인으로부터 버림받고, 주변 귀족들의 멸시와 손가락질을 받으며 출발하는 경우가 많습니다. 그리고 엔딩에는 그보다 더 좋은 남자와 이어지거나, 주변 사람들이 부러워하고 동경하는 대상으로 변모하게 되죠.

반대로 엔딩을 먼저 정하고 시작점을 정하는 방법도 가능합니다. 어차피 시작의 반대는 끝. 끝의 반대는 시작이니까요. 주인공이 엔딩 시점에서 달성하게 되는 모든 목표들의 대칭점을 시작 포인트에 반영하는 겁니다. 세계관 최강의 마법사를 설정한다면 마법에 대한 재능이 개미 눈곱만큼도 없는 어린 아이로 설정한다거나, 누군가에게 복수를 완수하는 엔딩을 구상했다면 자연스럽게 그 대상에게 죽임을 당하는 시작점을 만들면 되겠죠!

시작과 끝을 정했다면 그 다음에는 목표를 이루어 나가는 과정이 필요하겠죠? 주의하실 점은, 자잘한 에피소드를 하나하나 만들어서 전체 스토리를 채우려고 하면 원고를 쓰기도 전에 지칠 수 있습니다. 최근의 웹소설 분량은 최소 200화 이상을 지향하는데, 이 모든 과정에 대한 세부적인 에피소드를 모두 구상해 놓는다? 굉장히 많은 시간과 노력이 들어갑니다.

또 하나 중요한 것은, 그렇게 세밀하게 구상을 했지만 정작 원고를 쓰다 보면 바뀌는 부분이 생긴다는 점이에요. 감히 말씀드리건대, 수정 없이 처음 구상해 둔 세밀한 플롯대로 완결을 짓는 작가님은 10%도 되지 않을 겁니다. 거의 모든 작가님들이 원고를 쓰면서 처음 구상한 설정이나 스토리를 조금씩 수정하십니다.

제가 추천드리는 방법은, 하나하나 세밀한 플롯을 짜는 것보다 일단 굵직한 뼈대를 먼저 구상하는 것입니다. 내가 누군가에게 복수를 하겠다고 가정해 볼게요.

① 패배(죽음)를 당하고 회빙환을 통해 새로운 환경에 적응하는 과정
② 자신이 가진 재능을 깨닫고 무섭게 성장, 해당 또래의 정점에 서는 과정
③ 자신의 문파, 또는 가문에서 적수가 없음을 깨닫고 비무 대회에 참전하는 과정
④ 하나둘 늘어나는 동료와, 자신의 원수에 대한 정보를 수집하는 과정
⑤ 마침내 복수를 향한 길에 나서고, 끝내 원수를 갚는 과정

이정도의 굵직한 뼈대는 작가가 아니라 누구라도 구성할 수 있을 겁니다. 이 정도를 세팅한 후에 세계관과 주인공의 능력을 설정해서 바로 원고

에 들어가는 경우도 있습니다. 세밀한 플롯과 이야기는 원고를 작성해 나가면서 꾸려 나가는 것이죠.

제가 연재했던 〈슈퍼스타 천대리〉의 예시를 들어 보겠습니다. 네이버 시리즈 '레전드 노블'에 등록된 작품인 만큼 어느 정도 독자분들의 니즈를 충족한 작품이라고 봐 주시면 될 것 같아요!

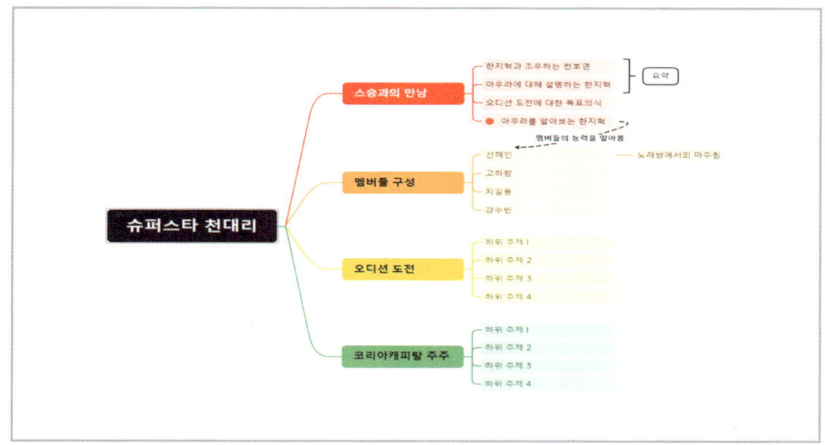

우선 위 화면은 'XMIND ZEN'이라는 프로그램을 통해서 만든 플롯입니다. 기본 기능은 무료로 사용하실 수 있으니 검색해서 다운받아 사용해 보세요!

자, 일단 〈슈퍼스타 천대리〉를 쓰기로 했으니 시작과 끝을 정해 봅시다.
슈퍼스타 천대리는 현대 판타지를 배경으로 한 직장인 밴드물입니다.
직장인으로서도 성공하는 엔딩, 밴드로서도 성공하는 엔딩을 그리고 싶었어요.
밴드와 관련된 엔딩은 '세계적인 톱스타 밴드'가 되는 것, 그리고 이 과정에서 주인공이 노래면 노래, 작곡이면 작곡, 연기의 영역까지 모두 섭렵하는 그림을 그렸습니다.

그렇다면 직장인으로서 할 수 있는 최고의 성공은 뭘까요? 저는 밴드 활동을 통해 막대한 부를 쌓은 후 다녔던 회사를 인수(!)하는 그림을 그렸습니다.

시작	노래와 관련된 특별한 이능력 없음 고졸 전형으로 입사 번번이 실적 빼앗김
엔딩	조력자(유령)로부터 받은 재능 만개 슈퍼스타로 발돋움 회사를 인수함

보시면 시작과 엔딩의 요소들이 대칭점에 있다는 게 보이죠?

그 다음은 옆 페이지에 있는 그림처럼 커다란 뼈대를 구성했습니다.

슈퍼스타 천대리	스승과의 만남	한지혁과 조우하는 천호연	요약
		아우라에 대해 설명하는 한지혁	
		오디션 도전 목표 안내	
		아우라를 알아보는 한지혁	멤버들이 능력을 알아챔
	멤버들 구성	선해인	노래방에서 마주침
		고하람	
		차일환	
		강수빈	
	오디션 도전	하위 주제 1	
		하위 주제 2	
		하위 주제 3	
		하위 주제 4	
	코리아 캐피탈 주주	하위 주제 1	
		하위 주제 2	
		하위 주제 3	
		하위 주제 4	

① 스승과의 만남　　　　　② 밴드 멤버의 구성
③ 오디션에 도전　　　　　④ 스타로 성장, 회사 인수

어떻게 보면 참 별것 없는 뼈대죠? 그만큼 여러분들이 구상하실 때도 크게 부담되지 않아요. 저는 이 커다란 챕터에 조금 색칠을 더한 후, 본격적으로 원고를 쓰기 시작했습니다.

① **스승과의 만남**
주인공과 스승이 조우하는 장면 / 능력에 대해 설명하는 장면
/ 달라진 재능으로 어떤 도전(오디션)을 할지 설정
/ 스승이 직장 동료들의 재능을 탐색하는 장면

② **밴드 멤버의 구성**
베이시스트 선해인과 관련된 일화 / 드러머 고하람과 관련된 일화
/ 기타리스트 강수빈과의 일화

③ **오디션에 도전**
에피소드 1 / 에피소드 2 / 에피소드 3 ······

④ **스타로 성장, 회사 인수**
에피소드 1 / 에피소드 2 / 에피소드 3 ······

이런 식으로 말이죠.

사실 세 번째 챕터, 네 번째 챕터는 세부 신을 정하지도 않았습니다. 그

쯤 되면 원고 회차가 100화를 넘어갈 시점인데, 작품을 처음 구상하는 단계에서는 이 작품이 론칭을 할 수 있을지조차 장담할 수 없기 때문이죠. 작품의 전반부만 설정해 놓고 나중에 가서는 그때 세부적으로 정하자는 생각이었습니다.

    대책 없는 것처럼 보일 수도 있지만 전혀 문제가 없습니다. 왜냐면 우리는 이미 '엔딩'과 커다란 챕터는 모두 만들어 놓았기 때문이죠!

9. 제목

웹소설을 처음 접하는 많은 분들이 이렇게 생각한다고 합니다. '아니, 이거 제목이 왜 이래?'라고요. 저 또한 이낙준이라는 친구를 통해서 문피아를 처음 접속했을 때, 정말 익숙치 않은 제목에 많이 놀랐던 경험이 있습니다. 하지만 여러분, 여기에는 중요한 키 포인트가 숨겨져 있습니다.

저는 웹소설을 '처음 접하는'이라고 언급했습니다. 그리고 여러분 또한 웹소설을 '처음 접할 때' 제목과 관련해서 특이함을 느꼈을 겁니다. 그 말은 곧 뭘까요?

웹소설을 처음 만나는 과정에서 '제목'이 차지하는 역할이 대단히 중요하다는 것입니다. 이 세상에 존재하는 거의 모든 플랫폼은 본문부터 보여주지 않습니다. 책의 제목, 책의 표지, 작품 소개 같은 것으로 독자들의 선택을 유도하죠. 특히나 제목은 신인 작가의 이목을 끄는 거의 유일한 마케팅 요소라고 봐도 무방합니다.

자, 그럼 제목은 어떻게 지어야 할까요? 저는 이낙준(한산이가) 작가와 이런 이야기를 나눈 적이 있습니다.

"주변 지인에게 차마 말하기 힘들 만큼 ×팔린 제목이야말로 잘 지은 제목이다!"

어때요, 무슨 의미인지 느낌이 오시나요? 웹소설의 제목, 특히 남성향의 경우에는 사람들의 시선을 확 잡아끌 수 있는 매우 독특한 형태(흔히 어그로라고 하죠?), 혹은 주인공의 능력이나 전체 줄거리를 나타낼 수 있는 직관적인 형태가 효과를 발휘합니다. 그래서 〈귀환한 sss급 헌터〉, 〈나혼자 경험치 999999〉, 〈666666년동안 수련한 대마법사〉, 그리고 그 유명한 〈주인공이 힘을 숨김〉 같은 제목이 나타난 것이죠. 가장 쉽고 빠르게 제목을 짓는 방법이 있습니다.

부산 콘텐츠 코리아 랩의 강연 장면

그건 바로 '작품의 전체 내용을 한 줄로 요약하기'입니다! 강의를 할 때 제목 짓기를 어려워하시는 수강생들이 있어요. 그때마다 저는 "작품을 한 줄로 요약하면 어떻게 되나요?"라고 물어봅니다. 불행하게도 대부분의 수강생분들이 "어… 그러니까… 주인공이 일단 천마한테 죽음을 당하는데요…." 혹은 "주인공이 처음에 황제에게 이혼을 당하는데요…." 이런 식으로 대답을 하는데, 이런 건 한 줄 요약이 아니죠? 이 소설을 관통하는 핵심 키워드, 전체 스토리를 한 줄로 요약하는 대답이 나와야 합니다. 예를 들면 이런 것이죠.

> "주인공이 공녀로 빙의했는데, 유령과 점괘를 보는 능력이 있어요."
> ➡ 점괘보는 공녀님
>
> "주인공이 곤충, 특히 독충(毒蟲)을 겁나 좋아하는데, 그걸 전문으로 하는 무림 가문에서 활약해요."
> ➡ 파브르 in 사천당가
>
> "주인공이 천재 외과의사 박현우인데, 동생을 구하고 싶어해요."
> ➡ 천재 외과의사 박현우는 동생을 구하고 싶다

위에서 언급한 세 가지 제목은 모두 실제로 연재된 작품들이고, 공모전에 수상을 하거나 굉장한 인기를 끈 작품들입니다. 이런 식으로 독자들이 제목만 보고도 '아하, 소설이 이런 소재를 가지고 있구나, 이런 줄거리로 굴러가고 있구나'라고 이해할 수 있어야 한다는 거죠.

제목은 생각보다 많은 정보를 전달합니다. 엄청난 인기작 〈데뷔 못하면 죽는 병 걸림〉을 볼까요? 여기서 우리는 어떠한 정보를 얻을 수 있을까요? 일단 '데뷔'라는 단어에서 이 작품의 시대배경을 알 수 있습니다. 우리가 흔히 데뷔라고 하면 '아이돌', '배우' 같은 직업이 연상되죠? '현대'를 배경으로 한 '전문가물'이라는 정보를 얻을 수 있습니다. 또 어떻게 있을까요? 이 작품의 '스토리'를 알 수가 있습니다. 주인공이 죽음을 피하기 위해 데뷔를 하겠구나 라는, 핵심 스토리를 파악할 수가 있죠.

한 가지가 더 있습니다. 여러분, 이 세상에 실제로 '데뷔를 하지 못하면 죽는 병'이 존재하나요? 그런 건 없죠? 현실에서는 벌어지지 않는 초자연적인 현상. 우리는 이것을 '판타지'라고 부릅니다. 이 제목을 통해서 우리는 '장르'까지 확인할 수 있는 거죠!

〈파혼한 영애는 엔딩 외엔 집착하지 않는다〉라는 제목은 어떤가요? 일단 '영애'라는 단어가 나왔으니 배경이 서양 중세 시대라고 추측할 수 있고, '파혼한 영애'를 통해서 로맨스와 관련된 서사가 나올 것임을 예상할 수 있습니다.

또한 '엔딩'이라는 단어가 나왔는데요, 보통 웹소설에서 '엔딩'이 언급될 때에는 소설 속의 엔딩, 혹은 게임 속의 엔딩을 의미합니다. 즉, 주인공이 소설이나 게임 속으로 빙의를 할 것이라는 예상이 가능하죠. 소설이나 게임 속으로 빙의하는 게 현실에서 가능한가요? 네, 당연히 불가능하므로 이 소설의 장르 또한 로맨스'판타지'가 될 겁니다!

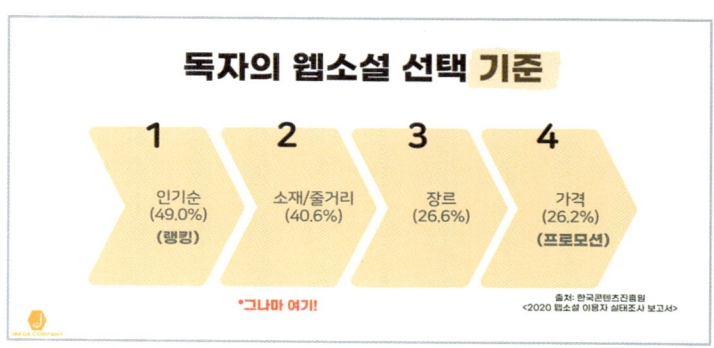

2020 웹소설 이용자 실태조사 보고서 ⓒ한국콘텐츠진흥원

위 도표는 한국콘텐츠진흥원에서 제공한 설문조사 결과입니다. 독자들이 웹소설을 읽을 때, 어떤 기준으로 선택을 하는지에 대한 내용입니다. 1위가 인기순, 2위가 소재/줄거리, 3위가 장르, 4위가 가격(프로모션)이네요! 이 가격(프로모션)이라는 것은 네이버의 '매일 열시 무료', 카카오페이지의 '기다

리면 무료' 등 플랫폼에서 제공하는 일종의 할인 이벤트를 말합니다.

자! 그럼 우리가 신인 작가로 데뷔를 한다고 칩시다! 두근두근하는 마음과 함께 생애 첫 작품이 플랫폼에 올라가게 될 텐데요, 많은 사람들이 봐주면 참 좋겠죠? 하지만 안타깝게도, 우리가 공략할 수 있는 '선택 기준'이 많아 보이지 않습니다.(T_T)

먼저 4위를 보겠습니다. 가격(프로모션)은 다른 말로 플랫폼의 이벤트라고 할 수 있는데요! 만약 여러분이 기성작가이고, 기존에 연재했던 인기작이 있다면 시작 단계부터 대형 이벤트를 받을 수도 있습니다.

하지만 이제 막 작품을 론칭하는 신인 작가라면 최상급 이벤트를 받기가 어렵습니다. 원고의 퀄리티가 훌륭하기 때문에 론칭을 할 수 있었겠지만, 그렇다고 중견급 작가들이 받는 프로모션을 제공받기는 어려운 일이죠. 플랫폼에서는 작품의 퀄리티나 기성작가 여부 등에 따라 S급, A급, B급 이벤트를 적용합니다. 심지어는 연재를 처음 시작하는 방식에 차등을 주기도 하죠. 결국 신인 작가가 받는 이벤트는 그 자체적으로 독자를 끌어들이는 데 한계가 있습니다.

다음은 3위 '장르'를 볼까요? 장르는 분명 내 작품을 어필하는 데 있어서 중요한 역할을 합니다. 하지만 경쟁속의 경쟁이라고 해야 할까요? 내 작품이 무에서 유를 창조하는 새로운 장르가 아닌 이상에야 이미 수많은 기존작품이 쌓여 있을 겁니다.

현판 카테고리에 들어가면 무수히 많은 현판 작품이 존재하고, 그 안에서 별도의 랭킹이 선정되어 있죠. 이는 '로판', '판타지', '무협'등도 마찬가지고요. 결국 '장르'라는 것도 내 작품을 어필하기 위한 유효한 요소는 아니라는 겁니다.

자 그럼 이번에는 1위 '랭킹'을 볼까요? 당연한 말이지만 이제 갓 론칭한 내 작품이 랭킹의 상위권을 차지하는 일은 없을 겁니다. 물론, 작품을 론칭하면서 받는 오픈 이벤트 덕분에 실시간 상위권에 잠시 노출될 수는 있겠지만, 그것도 대형 이벤트를 잘 받은 기성작품에 주로 해당하는 이야기입니다.

우리가 4위 '가격'을 이야기하면서, 신인작가는 대형 이벤트를 받을 확률이 적다고 했죠? 그 연장선상에서 '랭킹'또한 신인 작가와 인연이 없는 겁니다.

눈치가 빠르신 분들은 앞으로 제가 할 말을 예상하고 있으실 것 같은데요, 아직 언급하지 않은 항목이 하나 있죠?

바로 2위 '소재/줄거리' 입니다!
나의 작품이 대중들에게 선택을 받을 요소 중에서, 가장 강력하게 어필할 있는 요소가 바로 이곳인데요! 같은 '장르'라 하더라도 소재와 줄거리에 따라 얼마든지 차별적인 매력을 부여할 수 있습니다. 자, 근데 이를 어쩌죠? 일단은 내 작품을 클릭해야 그 안에 든 소재와 줄거리를 보여줄수 있을 텐데요. 랭킹이건 론칭이벤트건 장르건 뭐건간에 일단 내 작품이 노출이 된다고 칩시다! 그럼 우리는 어떻게 소재와 줄거리의 매력을 어필해야 할까요?

여러분.
그래서 '제목'이 중요한 겁니다.
일단은 눌러야 내 소재와 줄거리를 어필할 수 있는데, 바깥의 제목에서 그 이야기를 꽁꽁 싸매고 있으면 어떻게 될까요? 플랫폼 페이지 어딘가에 간신히 내 작품이 떠올랐는데, 소재와 줄거리에 대한 표시가 없는 추상적인 제목이라면 과연 선택받을 수 있을까요?

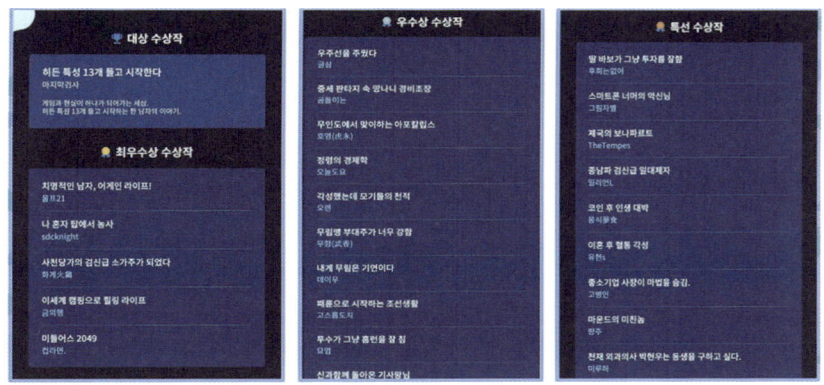

2022년 문피아 공모전 수상작 ⓒ문피아

위 그림은 2022년 문피아 공모전에서 수상한 작품 목록입니다. 제목을 읽으신 소감은 어떤가요? 주인공의 능력이나 작품의 줄거리, 혹은 왠지 클릭해보고 싶은 어그로성 제목들이 대부분 포진한 걸 볼 수 있을 겁니다.

문피아가 전형적인 남성향 사이트이므로, 이번에는 여성향 소설의 제목을 확인해 보겠습니다.

카카오페이지 로맨스판타지 작품목록 일람 ⓒ카카오페이지

먼저 로맨스판타지인데요, 흔히들 로맨스판타지는 남성향과 여성향이 혼재된 장르라고 이야기 합니다. 그래서일까요? 우리가 남성향 소설에서 보던 제목의 형식과 굉장히 비슷합니다.

자료화면은 카카오페이지의 로맨스판타지 인기 순위인데요, 양대 산맥인 네이버시리즈의 로판 카테고리에 들어가도 제목의 분위기가 별반 다르지 않습니다.

남성향 소설과 로맨스판타지의 제목은 대부분 동일한 형태로 만들어집니다. 웹소설 시장에서 이 두 가지 형태는 전체 시장의 2/3 이상이라고 해도 과언이 아닐텐데요, 그나마 조금 추상적이고 모호한 느낌의 제목을 사용하는 두 개의 장르가 있습니다. 첫 번째는 '현대로맨스'입니다.

리디북스 현대로맨스 작품목록 일람 ⓒ리디북스

여성독자가 대부분인 '리디북스'의 현대로맨스 베스트 순위입니다. 어떤가요, 우리가 위에서 봤던 제목들과 달리 줄거리를 예상할 수 없거나 추상적인 느낌이 강하죠? 리디북스 뿐만 아니라, 네이버시리즈와 카카오페이지에서도 현대로맨스 장르에서는 추상적인 제목을 어느 정도 인정하는 분위기입니다.

하지만 역시 시대의 흐름에 따라 〈남편의 첫사랑이 돌아왔다〉, 〈전남편을 유혹하는 법〉, 〈내겐 위험한 오빠친구〉 같은 직관적인 제목을 사용하는 작품들도 상당수 포진해 있습니다.

　무협 장르에서는 〈일타강사 백사부〉처럼 직관적인 제목도 있지만, 전통적으로 이어지는 네 글자 한자 제목이 상당수 포진해있음을 알 수 있습니다. '무협' 하면 떠오르는 최고 흥행작 〈화산귀환〉도 같은 형태를 띄고 있죠? 물론 〈백씨세가 시한부 공자〉, 〈일타강사 백사부〉, 〈무림 속 공무원으로 살아가는 법〉처럼 전형적인 웹소설 제목도 존재합니다!

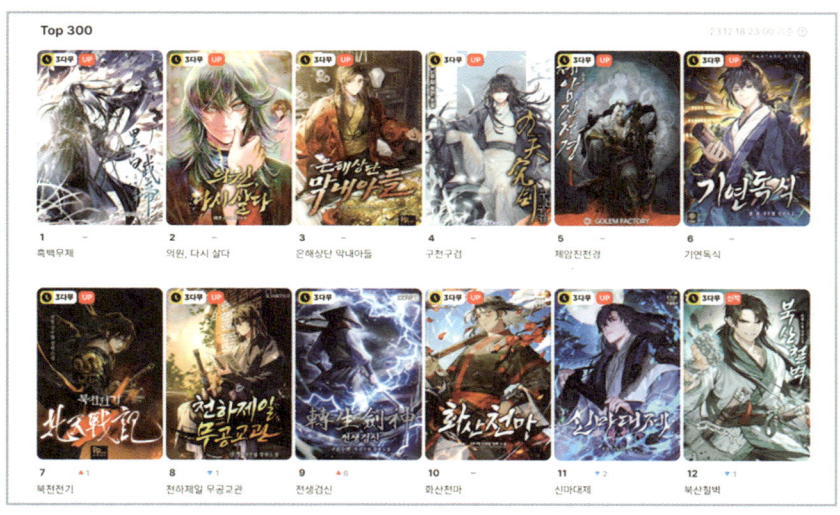

문피아 무협장르 작품목록 일람 ⓒ문피아

10. 고구마와 사이다

고구마와 사이다. 웹소설을 읽어 보신 분에게는 이 단어가 꽤나 친숙하게 느껴질 것 같은데요. 이 두 단어를 어떻게 정의할 수 있을까요? 일단 이 감정을 느끼는 '주체'가 누군지 확인해 봐야겠죠?

고구마와 사이다를 느끼는 주체는 '주인공'이 아닌 웹소설을 읽는 '독자'입니다.

쉽게 말해서, 웹소설을 읽다 독자가 기분이 상한다면 '고구마' 장면인 것이고, 카타르시스나 쾌감을 느낀다면 '사이다'인 것이죠! 독자들은 물 없이 고구마를 잔뜩 먹은 것처럼 속이 꽉 막히기도 하고, 속이 뻥 뚫린 것처럼 쾌감과 카타르시스를 느끼기도 합니다.

다음 그림을 보시면 어떤 상황에서 고구마와 사이다가 발생하는지 이해하기 편하실 거예요.

고구마? 사이다?

 고구마	VS	사이다 
· 주인공이 계속 끌려다니는 상황 · 목표와 신념이 맞지 않는 상황 · 굳이 손해를 감수하는 상황 · 후환을 남겨두는 상황		· (해당 화에서) 이득을 택하는 주인공 · 목표를 향해 시원하게 행동 · 적에 대한 납득할 만한 처리 · 독자를 불안하게 만드는 요소 제거

의외로 고구마는 반드시 나쁜 것만은 아닙니다. '만신' 김성모 작가님의 만화에 이런 대사가 나옵니다. "바보야! 내가 무릎을 꿇었던 건 추진력을 얻기 위함이었다!" 라는 대사인데요. 이 대사가 바로 고구마와 사이다의 관계에서도 유효합니다.

고구마의 공식 1

무릎을 꿇은 것 = 고구마   추진력 = 사이다

우리가 사이다를 마실 때를 생각해 볼게요. 그냥 평범한 상황에서 사이다를 마실 때와, 고구마를 적당히 먹고 속이 답답한 상황에서 마실 때. 언제 더 만족감을 느낄까요? 당연히 후자일 겁니다. 이처럼 고구마는 사이다를 극대화하기 위한 장치로서 존재하기도 합니다. 어느 한쪽이 일방적으로 배제되어야 할 개념이라기보다는, 적당히 공생하는 관계라는 거죠.

고구마와 사이다 간에는 '밸런스'가 필요합니다. 한 수강생의 원고를 읽어 보았는데, 1화부터 3화까지 내내 고구마 구간이 이어진 뒤, 4화 초반에 잠깐 사이다 장면을 보여주고 그 다음 챕터로 넘어가더군요. 이건 상당히 좋지 못한 전개입니다. 1화부터 3화를 읽는 동안 굉장히 많은 고구마를 먹었는데, 아무리 멋진 장면을 만들어 낸들 한 화도 안 되는 분량으로 독자들을 만족시킬 수는 없거든요. 그래서 밸런스가 중요한 겁니다. 웹소설에서는 보통 아래와 같은 공식이 필요합니다.

고구마의 공식 2

내가 먹은 고구마 ≤ 사이다

내가 먹은 고구마보다 내가 마실 사이다가 최소한 같거나 더 크다는 공식인데요. 고구마를 먹은 정도에 따라 사이다를 비슷하게, 혹은 그것보다 더 크게 제공해 줘야 한다는 거죠. 고구마를 사이다보다 더 크게 설정하면 높은 확률로 하차를 부릅니다. 독자가 즐거움을 얻자고 소설을 읽는데, 답답함이 더 크다면 글을 읽을 이유가 없는 거죠.

한 가지 더!

내가 느낀 고구마가 1 정도인데 갑자기 100의 사이다를 주는 것도 지양

해야 합니다. 나에게 아주 작은 해를 입힌 대상이 있는데, 주인공이 그 대상은 물론 가문마저 몰살시켜 버린다면 어떤가요? 투머치라는 느낌이 들겠죠?

무조건적인 사이다를 피해야 할 이유가 한 가지 더 있는데요, 사이다만 마시면 스토리가 뻔해집니다. 웹소설의 주인공에게는 고난과 역경보다 활약이 더 중요합니다. 이것은 분명한 사실입니다. 하지만 아주 조금의 위기도 없이 모든 문제를 시원하게 헤쳐 나가기만 한다? 매력이 부족한 스토리가 될 가능성이 있어요.

〈슈퍼스타 천대리〉 웹툰 ⓒDo8글, 이재국 그림, 박경원 원작

웹소설은 구조적으로 종이책에 비해 호흡이 짧을 수밖에 없습니다. 한 편의 분량이 종이책 한 권의 4퍼센트에 불과하니까요.

한번 상상해 볼까요? 자기 전에 침대에 누워서 나의 '최애' 소설을 읽습니다. 아직 완결이 나지 않은 '연재중'인 소설인데요, 매일 밤 잠들기 전에 이 소설의 최신화를 읽는 것이 삶의 소소한 행복입니다. 그렇게 두근두근한 마음으로 최신화를 읽었는데, 오 이런! 주인공이 누군가로부터 습격을 받아

치명상을 입는 장면으로 끝이 나고 맙니다. 주인공을 불시에 습격한 사람은 누구일까요? 배신한 동료일까요? 아니면 예상하지 못했던 강한 빌런일까요? 주인공은 회복할 수 있을까요? 주변에 주인공을 도와줄 동료는 있을까요? 모든 것이 혼란스럽고 답답하기만 합니다. 빨리 다음 장면으로 넘어가 주인공이 괜찮다는 걸 확인하고 싶습니다. 또 주인공을 습격한 대상을 상대로 참교육을 보여주기를 원합니다.

그런데 이럴 수가! 애석하게도 '다음편'이 없습니다. 현재 연재중인 소설의 최신화를 읽은 것이기 때문에, 다음 이야기를 보려면 꼬박 하루를 기다려야 하는 것이죠! 자 여러분, 어떤가요. 이 상태에서 편안한 기분으로 잠을 잘 수 있을까요? 보통의 경우라면 답답하고 찝찝한 기분으로 잠을 청하게 될 겁니다. 어떤 독자분들은 소설의 내용이 떠올라 잠이 들다가도 벌떡

〈슈퍼스타 천대리〉 웹툰 연재 시 댓글들

일어나 버릴지도 모르죠. 짧은 회차 안에서 고구마를 집어넣는다는 건 이토록 위험합니다. 그래서 웹소설을 연재할 때 '고구마를 피하라'는 팁이 나오는 것이죠.

이런 생각이 드실 수도 있을거에요. '아니, 그래서 고구마를 넣으라는 거야 말라는 거야?', 혹은 '그럼 고구마를 어떻게 넣으라는 거야?' 저도 개인적으로 고민을 많이 하는 부분입니다. 그리고 연재를 할 때도 고구마를 넣을 때 굉장히 조심하는 편이고요. 웹소설의 모든 영역이 그렇듯 백 퍼센트 정답은 없습니다. 하지만 보편적인 방법은 존재하기 마련이죠!

우리는 고구마를 넣을 때 두 가지 방법을 사용할 수 있습니다.

1. 고구마가 나온 회차에서 바로 해결하거나, 사이다를 투척한다.

첫 번째 방법은 고구마만 보여주며 회차를 끝내는 것이 아니라, 해당 고구마의 해결까지 보여주는 것이죠. 독자들은 만족감을 느끼며 기분 좋게 잠이 들 수 있겠죠?

많은 웹소설에서 빌런이 나오자마자 즉각 참교육하는 서사가 등장하곤 합니다. 하지만 이 방법에는 어려움이 있습니다. 한 회차라는 짧은 분량 때문인데요! 5천 자 내외의 분량에서 고구마를 보여주고 사이다까지 보여주기에는 글자수가 부족할 수가 있습니다. 어찌어찌 보여준다 하더라도 고구마에서 사이다로 이어지는 서사가 단순해질 수밖에 없죠. 이렇게 짧은 고구마와 짧은 사이다가 반복된다면 독자들은 단조로움을 느끼게 될 겁니다.

2. 클로징에 '기대감'을 설정한다.

제가 강의를 할 때 자주 쓰는 말이 있습니다. '한 번에 많은 것을 보여주지 않아도 괜찮다.'

세계관이나 배경, 주인공의 서사 등 여러 강의에서 하는 말인데요, 고구마에서 사이다로 이어지는 과정도 동일합니다. 특정 회차에서 고구마 내용이 발생했을 때, 회차의 마지막에 이것을 해결할수 있다는 '암시'나 '가이드라인'을 제시하는 거죠. 이때 유의해야 할 점은, 내가 앞으로 할 행동을 전부다 이야기할 필요가 없다는 점입니다. 주인공이 가지고 있는 단서, 아이템 등을 통해서 독자들이 스스로 예상할 수 있게끔 분위기만 조성해 준다면, 고구마를 해소하지 않고도 회차를 잘 마무리할 수 있습니다. 자, 여기 두 종류의 문장이 있습니다. 한번 비교해 보실까요?

상황이 여의치가 않다. 지금 몰려오는 건 아서스 길드의 헌터들이었다. 죄다 TV에 한번쯤은 얼굴을 비춘 유명인사들. 최소 A급 이상의 랭커들로 구성된, 어지간한 몬스터들은 손짓 한 방에 묵사발을 낼 수 있는 놈들이다.

"넌 함정에 빠진 거다, 박대리."

제일 앞에 선 길드장의 말에 식은땀이 절로 난다.

어떻게 하지?

방법이 떠오르지 않는다.

이러다간 정말 죽을지도 모르겠어!

어떤가요. 보기만 해도 답답하고 속이 울렁거리지 않나요? 냉장고에 있는 사이다라도 꺼내 벌컥벌컥 마시고 싶은 심정일겁니다. 이 회차에서는 위기가 발생했는데, 그것을 해소하지도 못했고, 상황을 타개할 가이드라인을 제시하지 못했습니다. 그러니 독자들을 만족시킬 수 없죠.

자, 이번에는 아래 문구를 보겠습니다.

상황이 여의치가 않다. 지금 몰려오는 건 아서스 길드의 헌터들이었다. 죄다 TV에 한번쯤은 얼굴을 비춘 유명인사들. 최소 A급 이상의 랭커들로 구성된, 어지간한 몬스터들은 손짓 한 방에 묵사발을 낼 수 있는 놈들이다.
"넌 함정에 빠진 거다, 박대리."
제일 앞에 선 길드장이 거드름을 피운다.

'상황이 엿 같지만….'

침착하자.
수십대 일의 상황. 누 가봐도 불리한 상황이지만 해볼 만한 구석이 있다.
상태창 구석에서 반짝거리는 스킬 하나, 'Wide-area sleep(광역 수면)'.
이거라면 가능성이 있다.
천하장사도 눈꺼풀은 들어올리지 못한다고 하지 않는가.

여러분, 이번에는 어떤 느낌이 드시나요? 주인공이 위기에 빠진 상황 자체는 동일합니다. 심지어 길드장이 내뱉은 대사 또한 같죠. 하지만 두 예시

문이 가져다주는 감정은 하늘과 땅 차이입니다. 실제로 주인공이 사건을 바로 해결하지는 않습니다. 그리고 어떤 과정을 통해 이 위기를 헤쳐나갈 지 전부 이야기하지도 않죠. 하지만 우리는 '주인공이 수면과 관련된 스킬로 이 위기를 타개하겠구나'라고 예상할 수 있습니다. 작가가 독자에게 가이드라인을 제시했기 때문이죠.

이런 식으로 회차를 마무리하면 고구마는 되려 '기대감'으로 바뀌게 되어, 빨리 다음 화를 읽고 싶도록 만듭니다. 어떤 의미로 보면 바로 사이다를 주는 것보다 더 좋은 효과가 발생하는 것이죠!

〈슈퍼스타 천대리〉 웹툰 7화 마지막 장면 ⓒDo8글, 이재국 그림, 박경원 원작

11. 절단신공

 이번 챕터는 절단신공입니다. '절단신공'은 비단 웹소설 뿐만 아니라 다양한 콘텐츠에서 쓰이게 됩니다. 우리가 TV에서 보는 드라마, 혹은 애니메이션이나 만화책 등, '다음 회차'가 있는 콘텐츠라면 쉽게 보는 기법인데요! 쉽게 말하자면 '다음 화를 빨리 보고 싶게 만드는 방법'이라고 할 수 있습니다.
 저는 절단신공을 강의할 때마다 핵심 원칙을 이야기 하는데요, 그 핵심 원칙이란 '독자들에게 생각할 여지를 주지 않는 것'입니다. 생각할 여지를 주지 않는다, 여기서의 '생각'이란 어떤 걸까요? 그건 바로 '그만 볼까?'라는 생각입니다. 또 하나, 작가들이 가장 싫어하는 생각, '여기서 그냥 하차할까?' 라는 생각이지요!
 여러분이 만약 시즌제 애니메이션을 본다고 가정해볼게요. 오늘은 주말이고, 애니메이션을 볼 수 있는 몇 시간이 주어졌습니다. 실제로 신작 애니메이션을 보니까, 정말 재미있습니다! 1화부터 8화까지 홀린 듯 모든 회차를 시청했습니다. 시즌 1의 엔딩을 보고 나니, 선택할 시간이 찾아왔습니다. 잠자는 시간을 쪼개서라도 시즌 2를 볼 것인가? 아니면 아쉬움을 뒤로 한 채 다음 주말에 시즌 2를 볼 것인가. 선택은 어떤 것도 괜찮습니다!

  여기서 중요한 건 어떤 선택을 하는 것이냐가 아니라, '계속해서 볼까?' 라는 고민을 했다는 점이지요! 통상적으로 시즌 하나가 끝나면 하나의 챕터가 '완성'되어 있을 확률이 높습니다. 그러면 이쯤에서 독자들은 몰입했던 작품으로부터 빠져나와 현재로 돌아오게 됩니다. 큰 틀에서 보면 절단신공은 바로 이런 생각을 막기 위해 존재하는 겁니다. 웹소설에 쓰이는 절단신공의 원리도 다르지 않습니다. 다음 회차를 넘길 때마다, 독자들에게 '생각할 여지'를 주지 않는 것. 그것이 절단신공의 핵심인 것이지요.

  독자들이 생각해야 할 것은 '주인공이 어떻게 이번 위기를 헤쳐 나갈까?', '여주가 이번 파티에서 남주의 마음을 사로잡을 수 있을까?', '주인공이 이번에 어떤 활약을 보여줄까?' 이런 것들이지, '아, 이제 그만 읽을까?' 이런 생각이 나와서는 곤란합니다.

  어떻게 하면 독자들이 이런 생각을 하지 못하게 만들 수 있을까요? 몇 가지 예시를 소개합니다.

	1화	2화	3화
기	주인공 인물 배경		
승	세계관 배경 설명	첫 번째 위기	
전	최강자에게 패배	주인공의 능력 발현	
결	사망		사건의 해결 / 보상
기	회귀		새로운 사건 등장

  이 표에 나온 스토리라인을 설명해 보겠습니다. 일반적인 회귀물인데요. 주인공이 등장한 뒤에 누군가로부터 패배를 하고 회귀를 합니다. 그리고는

자신이 회귀를 했다는 것을 깨닫고, 가지고 있는 능력으로 첫 번째 위기를 해결하죠. 그런 다음 새로운 사건이 등장합니다. 1화는 새롭게 회귀를 하는 장면으로 끝나고(기승전결의 '기'), 2화는 능력을 암시하는 대목에서 끝나며(기승전결의 '전'), 3화는 새로운 사건의 등장으로 회차가 끝이 납니다(기승전결의 '기').

눈치 빠른 분들이라면 여기서 공통점을 찾으실 수 있을 것 같은데요, 핵심은 회차가 끝날 때마다 '결'을 피한다는 것입니다. 앞서 우리는 하나의 이야기가 끝났을 때 독자들이 다른 생각을 떠올리기 쉽다고 이야기했습니다. 오늘은 여기까지 읽을까? 여기서 하차할까? 이런 생각들 말이지요. 그래서 우리는 회차의 마지막을 '결' 부분으로 끝내는 것을 조심해야 합니다. 하나의 작은 에피소드라 할지라도, 무언가 완성된 느낌으로 회차가 끝나면 자칫 독자들이 '위험한 생각'을 하게 될 가능성이 높기 때문이지요.

결정적 순간에 끊기

- 드라마에 많이 나오는 장면
- 아슬아슬하게 탈출하다가 발각되는 주인공
- 주인공에게 검이 코앞까지 날아든 장면
- [달짝하고 뜨거운 그의 입술이 종이 한 장 간격만큼 가까워질 때였다. 갑자기 덜커덕거리는 소음과 함께 교실 문이 열렸다.]
- ['성공이다!' 금고에서 무사히 빠져나왔다고 생각할 때였다. 삐이이이이익! 붉은 색 경고등과 함께 요란한 경보소리가 울렸다.]

절단신공은 특히나 드라마에서 많이 볼 수 있습니다. 다음 회차를 보기까지 하루, 길게는 일주일씩 기다려야 하는 드라마 특성상, 계속해서 다음 장면을 궁금하게 만들 필요가 있거든요. 드라마 마지막 장면을 보다가 '아, 왜 여기서 끊는데!'라며 절규했던 경험, 한 번 씩은 있으실 거에요.

'달짝하고~'의 예문을 한번 볼까요? 숭고하고 경건한 교실에서 참 쓸데없는 짓을 하는 두 남녀가 있군요. 그런데 두 남녀가 막 뜨거운 스킨십을 하려고 할 때, 누군가 교실 문을 열었습니다. 누굴까요? 선생님일까요? 아니면 입이 가볍기로 유명한 친구일까요? 혹은 아침부터 기분이 좋지 않은 일진일까요? 만약 이 상황에 제대로 몰입했다면, 독자들은 '그만 읽을까?'라는 생각은 하지 않을 겁니다. 다음 회차를 재빨리 눌러 뒷 이야기를 확인하겠죠!

〈슈퍼스타 천대리〉 웹툰 3화 절단신공 장면 ⓒDo8글, 이재국 그림, 박경원 원작

절단신공을 사용하기 좋은 장치는 바로 '대사'입니다. 여기서 관건은 그냥저냥 흘러가는 대사가 아니라, 작중 흐름에 중요한 의미를 가지는 대사를 써야 한다는 것입니다. '네가 마시고 있는 딸기우유, 어디 편의점에서 샀어?' '후후. 그건 말이야….' 라고 절단신공을 사용했다고 가정해 볼게요. 다음화가 딱히 궁금한가요? 그렇지 않을 겁니다.

중요한 대사가 나오기 전

- 사건의 핵심이 되는 주요 대사가 나올 때
- ["내 사부를 죽인 사람이 천마가 아니라고?"
  동훈의 얼굴에 천둥 벼락이 쳤다.
  달빛을 받아 놈의 송곳니가 사납게 번뜩였다.
  "네 사부를 죽인 사람은 바로…."]
- ["절 사랑한 게 아니었나요?"
  조금만 건드려도 눈물이 톡, 굴러떨어질 것 같았다.
  동훈은 복잡한 표정으로 어렵사리 입을 열었다.]

위 예문을 보겠습니다. 이럴 수가! 내 사부를 죽인 사람이 당연히 천마인 줄 알았는데, 다른 사람인 것 같아요. 사부는 아무한테나 당할 정도로 약한 사람이 아닌데. 천마가 아니라면 도대체 누구죠? 설마, 누군가가 사부를 배신한 건 아니겠죠? 이렇게 몰입을 하게 되면 누구라도 다음 화를 누르고 싶어질 겁니다. 독자들의 의식은 '누가 사부를 죽인 걸까?'에 깊이 빠져 있지, '여기서 그만 읽을까?'까지 도달하지 않을 테니까요.

중요한 발언 직후

- '내용'이 아닌 캐릭터의 '반응'이 궁금하도록 만드는 기법
- 향후 소설 전개에 지대한 영향을 끼치는 발언일수록 효과적
- [그녀의 얼굴에 형용할 수 없을만큼 많은 감정이 담겨 있었다.
  벅차오르고, 감격스럽지만, 한편으로는 두려워보이기도 한.
  곧 그녀에게서 모든 감정의 이유가 밝혀졌다. "나 임신했어"]

- ["이 멍청한 놈아!" 아버지가 나를 보며 처절하게 외쳤다.
  "네가 어미에게 준 탕약에 독이 들어있었단 말이다!"]

이번에는 '대사'를 언급한 직후의 상황입니다. 대사를 숨기는 것이 절단신공에 어울리지 않을까? 라고 생각하실수도 있는데요! 엄청나게 임팩트 있는 대사를 친 직후에 회차를 끝낸다면, 그 다음에 있을 캐릭터들의 반응에 궁금증이 생길 겁니다. 자연스럽게 다음 이야기가 궁금해지는 것이죠! 마지막 예문을 볼게요. 어떻게 이럴 수가! 어머니를 위해 끓인 탕약에 독이 들었다니! 그럼 주인공이 어머님을 해한 장본인이 되어 버린 건가요? 충격적인 대사를 들은 주인공의 반응이 어떨지 다음 화를 눌러 보지 않을 수 없습니다. 이런 상황에서 '에이, 그만 읽을까?'라고 고려하는 독자는 그렇게 많지 않겠죠.

중요한 인물의 등장

- 소설의 핵심인물 또는 전혀 예상치 못한 인물이 등장할 때
  예시 〈범죄도시 3〉 쿠키, 명품옷을 걸친 채 람보르기니에서 내린 ×××
- 당연히 뻔하거나 예상 가능한 인물이면 곤란하다
- 흔히 말하는 "네가 여기서 왜 나와?"
- [나를 습격한 괴한이 천천히 복면을 벗었다.
  얼굴을 확인한 나는 기절할 것처럼 놀랐다.
  "어, 어머니?"]
- [이제 코리아캐피탈의 새로운 주인을 소개하겠습니다!"
  사회자의 멘트와 함께 누군가 문을 열고 단상 앞에 섰다.
  맙소사! 어제 본 거지였다.]

영화 엔딩 크레딧이 올라간 뒤 '쿠키영상'이 나오는데요. 이것도 절단신공의 일종이라고 볼 수 있습니다! 영화의 모든 스토리가 완성되어 끝이 났다고 생각할 때, 새로운 떡밥(기승전결의 '기')을 풀면서 다음 내용을 궁금하게 만드는 것이죠.

〈범죄도시 3〉의 쿠키영상을 본 분들이라면 알겠지만, 우리가 너무나 좋아하는 캐릭터 '×××'가 등장합니다. 자연스럽게 범죄도시 4에 대한 기대감을 한껏 증폭시킬 수 있었죠. 이처럼 중요한 인물이 등장하게 되면 계속해서 다음 이야기를 보고 싶게 만듭니다.

여기서 또 하나의 팁은, 뻔하거나 예상 가능한 인물이 아닌 '의외의 인물'일 때 파급력이 더 강해진다는 것입니다. 나를 습격한 괴한이 단순한 악당이라면 어떨까요? 복면을 풀어 봤자 밍숭맹숭하겠죠? 헌데 습격한 장본인이 무려 주인공의 어머니라면? 독자들은 갑자기 등장한 중요한 인물이자 '의외의 인물'에 더 큰 충격에 빠지고, 순식간에 작품에 몰입하게 될 겁니다.

코리아 캐피탈의 새로운 주인도 마찬가지죠? 어제 주인공이 마주쳤던 사람이 거지가 아니라 고급 리무진에서 내린 신사였다면, 주인공과 독자들이 충격에 빠질 일은 없을 겁니다. 돈 한 푼 없어 보이는 거지가 알고 보니 회사의 주인이었다니. 이게 어떻게 된 일일까요? 내막을 알기 전까지, 독자들은 '하차할까?'라는 생각을 쉽사리 떠올리지 못할 겁니다.

이렇듯 절단신공은 독자들이 생각의 환기를 못하도록, 홀린 듯이 다음 화를 읽게끔 만드는 기법입니다. 절단신공은 연독률과도 밀접한 관계가 있는 기법이니, 예시로 든 기법을 포함해 작가로서 반드시 숙지해야 합니다!

12. 표현의 기술

 이번 챕터는 표현의 기술에 대해 알아보도록 하겠습니다. 이 기술은 실전에서 바로 접목할 수 있는 유용한 방법이니 꼭 숙지하시기 바랍니다! 모든 웹소설 장르에 필요한 기법이지만, 감각적인 서술과 묘사가 중요한 여성향(현대로맨스/로맨스판타지) 장르에 도전하시는 지망생분들께 큰 도움이 될 겁니다!

1. 음성표현을 통한 캐릭터의 조형

 음성표현은 단순하게 '말하기'나 '목소리'만을 말하는 것이 아닙니다. 캐릭터의 목을 통해 표현되는 모든 것을 통해 감정을 표현하는 것이죠. 그리고 이런 감정 표출을 통하여 캐릭터에 특성을 부여할 수도 있습니다. 예시를 볼까요?

음성의 높이와 크기	목소리가 높고 날카롭다
	낮게 깔리면서 걸걸하다
	성량이 무척이나 크다
	목소리가 모기소리만 하다
	매번 말꼬리마다 음이 솟구친다

어떤가요? 음성과 관련된 이런 표현들은 감정을 효과적으로 드러낼 수 있고, 캐릭터의 성향을 설정하는데도 쓰일 수 있습니다. 목소리가 높고 날카롭다면 왠지 캐릭터가 신경질적일 것 같고, 성량이 크고 괄괄하다면 자신감이 차 있는 것처럼 느껴지죠?

이번에는 발화 패턴에 대해 이야기해 보겠습니다. 단어가 어렵게 느껴질 수도 있는데 단순히 말하자면 '말하는 습관이나 버릇'을 생각하면 될 것 같네요.

발화패턴	입을 열었다 하면 끝날줄 모르는 수다쟁이
	수줍고 말솜씨가 어눌한동료
	말을 더듬거나 혀짧은 소리를 내는 부하
	꼭 필요한 말이 아니면 좀처럼 입을 열지 않는 과묵한 상관
	저속한 표현과 욕설을 달고사는 친구

이런 발화패턴 역시 캐릭터의 성향을 드러내는 데 효과적입니다. 또한, 이런 설정에 '변주'를 준다면 캐릭터의 감정 표현을 극대화할 수 있고, 극적 긴장감을 부여할 수도 있습니다.

수다쟁이가 돌연 이 순간만큼은 침묵했다

과묵한 상관이 전장에 들어서자 폭풍처럼 오더를 쏟아냈다

욕설을 달고사는 친구가 이순간 만큼은 말투가 고분고분해졌다

2. 대화 사이의 감정 표현

대화 사이에 들어가는 서술 표현에 대해 알아보겠습니다. 수강생들의 원고를 보다 보면 별도의 서술 없이 대화만 주욱 이어지는 경우가 있는데요! 뒤 파트에서 좀더 자세히 다루겠지만 웹소설은 영화나 만화와는 달리 '보여지는 것'이 없습니다. 오직 텍스트로만 현장의 분위기를 판단해야 하죠. 그렇기에 대화만으로 캐릭터의 심리를 표현하는 것에 한계가 있습니다. 작가가 특별한 의도를 담아 한 대사를 독자들이 눈치채지 못하거나 이해하지 못한 상태로 넘어가게 되는 불상사가 생기기도 하죠.

아래 예문을 보겠습니다.

(아빠) "그래, 파티는 어땠니?"

(딸) "괜찮았어요 아빠."

(아빠) "다행이다. 좋은 시간을 보냈구나. 파티에 누가 왔었니?"

(딸) "뭐, 늘 오는 애들이죠. 성미, 진영이, 보람이. 걔네 말고도 많았어요."

(아빠) "동훈이는 안 왔니? 걔네 엄마랑 오는 길에 마주쳤는데."

(딸) "음…, 그랬나? 생각해 보니 왔던 거 같아요!"

(아빠) "그랬구나. 애가 참 착한 것 같더라. 그쪽 가족이랑 외식 한번 하는 건 어때?"

(딸) "에이 아빠. 그건 오바죠. 그렇게까지 친하진 않아요."

(아빠) "아, 그렇구나."

이 예문을 보면 어떤 생각이 드시나요? 사이좋은 두 부녀의 다정한 모습이 그려지지 않나요?

이번에는 이 예문에 서술을 집어넣어 보겠습니다!

(아빠) "그래, 파티는 어땠니?"
(딸) "괜찮았어요 아빠."

그녀는 순간 입이 탔다. 침을 삼킬 수도 없었다.
(아빠) "다행이다. 좋은 시간을 보냈구나. 파티에 누가 왔었니?"
(딸) "뭐, 늘 오는 애들이죠. 성미, 진영이, 보람이. 걔네 말고도 많았어요."
(아빠) "동훈이는 안 왔니? 걔네 엄마랑 오는 길에 마주쳤는데."

기어코 나온 동훈의 이름에 그녀는 가슴이 철렁했다. 애써 괜찮은 척 목소리를 높였다.

(딸) "음…, 그랬나? 생각해보니 왔던 거 같아요!"
(아빠) "그랬구나. 애가 참 착한 것 같더라. 그쪽 가족이랑 외식 한번 하는 건 어때?"

폰을 쥔 손이 덜덜 떨렸다. 뒷짐을 지는 척하며 양 손을 뒤로 숨겼다.

(딸) "에이 아빠. 그건 오바죠. 그렇게까지 친하진 않아요."
(아빠) "아, 그렇구나."

아빠가 계단을 내려가는 발소리가 나자, 딸은 땅이 꺼질 듯 한숨을 내쉬었다.

자 이번 예문은 어떤가요? 앞선 예문과는 다르게 긴장감과 스릴이 느껴지죠? 뭔지는 모르지만 동훈이라는 친구에게 뭔가가 있는 것 같고 말이죠! 대사는 토씨 하나 다르지가 않는데, 서술 표현을 어떻게 집어넣느냐에 따라 극의 분위기가 완전히 바뀌어 버리게 됩니다. 이렇게 대화 중간에 서술을 적절히 배치하면, 작가가 원하는 감정이나 분위기를 더 정확하게 표현할 수가 있습니다!

3. 오감 표현

웹소설을 쓸 때 생생한 현장감은 필수입니다. 글을 읽는 독자들이 정말로 그 현장에 있는 것처럼 몰입하게 만들어야 하죠. 그렇다면 어떻게 생생한 현장감을 전달할 수 있을까요? 여러 방법이 있지만, 가장 쉬운 방법을 하나 소개해 드릴까 합니다. 그것은 바로 '오감 글쓰기'입니다.

웹소설은 시각 매체여서 대부분의 표현이 '시각'에 국한되기 쉬운데요, 나머지 네 가지 요소를 적절하게 배합하면 훨씬 더 생생한 감각을 느낄 수 있습니다. 우선 아래의 예문을 보겠습니다!

> 어렸을 때 엄마 아빠와 바닷가 해수욕장에 놀러갔어요.
> 갈매기들이 날아다니고, 바다에 어선도 떠 있었고,
> 사람들은 바나나보트를 타고 있었어요.
> 저희는 그곳에서 해물탕을 시켰는데 국물색이 라면 같았어요.

이 예문을 보면 딱히 현장감이나 생동감이 느껴지지 않죠? 다양한 이유가 있겠지만 이 서술에서 사용된 '감각'이 딱 하나뿐인 것도 큰 이유가 될 거에요. 날아다니는 갈매기, 바다 위에 떠 있는 어선, 해물탕의 국물 색깔. 전부 다 시각적인 묘사만 되어 있죠? 이번에는 아래 예문을 보도록 하겠습니다.

해수욕장에 갔더니 도착하자마자 바다의 짠 냄새가 밀려왔어요.
신발을 벗고 바다에 들어가자 종아리를 스치는 시원한 바닷물을 느낄 수 있었어요.
발바닥에 까슬한 조개껍질의 감촉이 느껴졌고,
튀어오르는 물방울들이 햇살을 받아 반짝였어요.
언니와 장난을 치다가 물에 첨벙하고 빠졌는데 굉장히 짠맛이 느껴졌어요.
끼룩끼룩, 하는 갈매기 우는 소리와 사람들의 시끄러운 소리가 가득했어요.
보글보글 끓어오르는 해물탕을 한입 먹었는데 혀끝이 매웠어요.

자 이번에는 어떤가요? 이전의 지문과는 현장감이 사뭇 다르죠? 이 예문에는 비단 시각뿐 아니라 다양한 감각이 표현되어 있습니다.

감각	표현
촉각	까슬한 조개껍질 / 시원한 바닷물
후각	바다의 짠 냄새
미각	바다의 짠맛 / 해물탕의 매운맛
청각	끼룩끼룩, 갈매기 우는 소리 / 바다에 첨벙 빠지는 소리

이렇게 인간의 오감을 적절히 표현하면 생생한 현장감을 연출하는 데 큰 도움이 됩니다. 예문처럼 다섯 개의 감각을 모두 사용하지 않아도 괜찮아요! 시각을 제외한 나머지 감각을 한두 개만 섞어도 이전과는 다른 생동감을 부여할 수 있습니다.

푸확!

피가 튀었다.

여인의 멍한 눈이 아래로 떨어진다.

왼쪽 가슴 아래 틀어박힌 창대 하나.

이내 심장을 관통한 차가운 날붙이를 느낀 순간, 그녀의 눈동자가 치떠지며 몸이 허물어진다.

여인이 쓰러짐과 동시에 누군가 처절히 울부짖으며 등으로 달려들었다.

빛살 같은 속도.

움찔한 사내가 창을 놓는다.

그뿐이었다.

곧장 뒤돌며 휘두른 주먹이 등 뒤의 적을 힘껏 후렸다.

얻어맞은 자가 고꾸라진다.

남자는 멈추지 않고 피 묻은 주먹을 재차 내려찍는다. 뻥!

이 지문은 조회수 1억에 빛나는 명작, 로유진 작가님의 〈탐식의 재림〉이라는 소설의 프롤로그입니다.

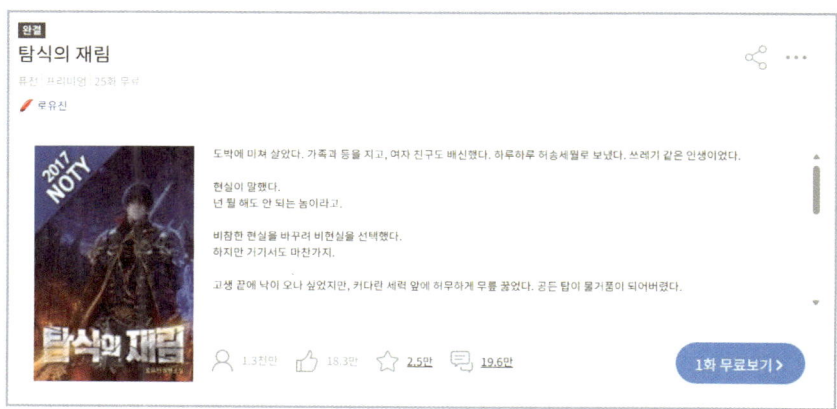

〈탐식의 재림〉 조아라 연재페이지 ⓒ로유진, 조아라

독자들의 시선을 한순간에 휘어잡는 멋진 연출이죠? 이 프롤로그에서 시각 외에 어떤 감각이 사용되었는지 확인해 보겠습니다.

  워낙에 필력이 대단하신 작가님이라 안 그래도 현장감이 뛰어난데, 청각과 촉각이 적절히 사용되면서 더욱 느낌이 살게 되었죠?

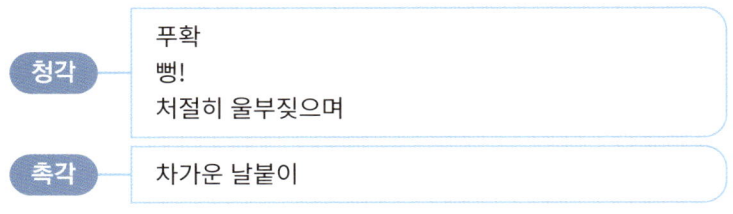

4. 투영(비유적 표현)

  혹시 카페나 술집에서 어떤 음악을 듣고 '이거 내 사연이랑 똑같은데?' 라고 생각해 보신 적이 있으신가요? 마치 내 일기장을 보고 가사를 쓴 것처럼 내용이 딱딱 들어맞는 경험 말이죠! 투영이란 바로 이런 사례와 유사한 표현법입니다. 나의 심리나 생각을 특정 상황에 대입하는 것이죠!

  앞서 소개드린 것처럼 투영은 일종의 비유적 표현법입니다. '비유'라는 표현은 이미 여러분께서도 잘 아실 것이라고 생각이 되는데요! 투영은 비유적 표현법 중에서도 상당히 감각적이고, 캐릭터의 감정과 생각을 확실히 드러내는 데 탁월한 효과를 가지고 있습니다. 아래 두 가지 예문을 통해 확인할게요!

  그의 제안이 탐탁치 않았다.

  우울한 날이다.

이 두 개의 예문을 보면 딱히 특별한 느낌이 들지 않죠? 글이 굉장히 단순하고 밋밋하게 느껴집니다. 이번에는 아래 예문을 보도록 하겠습니다.

평소에는 달콤하게만 느껴졌던 커피향이 유달리 고약하게 느껴졌다. 그의 제안은 언뜻 매력적인 것처럼 보였지만 이 커피처럼 속을 알 수 없었다.

하늘엔 짙은 먹구름이 잔뜩 껴 있었다. 지금 내 마음처럼 금방이라도 축축하고 차가운 장대비가 쏟아질 것 같은 흐린 날이었다.

앞선 예문보다 캐릭터의 느낌이 훨씬 잘 느껴지죠? 여기서 우리가 주목해야 할 것은 비교를 하는 대상입니다. 캐릭터가 비교를 하는 대상은 사실 주인공과 아무런 연관이 없습니다. 그저 캐릭터가 그렇게 느끼는 것일 뿐이죠. 평소 달콤했던 커피향이 고약하게 느껴진 것은, 그날따라 커피를 잘못 내려서가 아니죠? 캐릭터의 마음이 편안하지 않기 때문에 커피향도 마음에 들지 않는 겁니다. 아래 예문도 마찬가지인데요, 바깥에 내리는 장대비는 주인공의 마음 때문에 내리는 것이 아닙니다. 그냥 자연스러운 기상 현상일 뿐이죠. 하지만 캐릭터는 연관이 없는 장대비에 자신의 마음을 비추고 있습니다. 아무 상관 없는 것에 의미를 부여하는 것. 이런 것이 바로 '투영'의 기법이라고 할 수 있습니다.

3부

박대리가 전하는 꿀팁

🔍 1. 문단 디자인

저는 웹소설 작가로 7년 이상 활동하고 있습니다. 그리고 웹소설 강사로 대학교와 아카데미에서 수업을 병행하고 있어요!

그동안 '나도 웹소설을 쓰고 싶은데 가능할까?'라며 제게 자신의 습작을 보여 준 분들이 많습니다. 저는 강의를 시작하기 전에 수강생들에게 자신이 쓴 습작이 있다면 보여 달라고 하죠.

여기서 제가 가장 먼저 보는 건 뭘까요? 장르일까요, 캐릭터일까요, 아이템일까요, 그것도 아니면 필력일까요?

정답은 이 중에 없습니다.

저는 최우선적으로 '문단 디자인'을 봅니다.

문단 디자인이라는 말에 고개를 갸웃하시는 분도 계시죠? '아니, 웹소설은 텍스트밖에 없는데 무슨 디자인을 한다는 거야?'라고 말이죠. 하지만 저는 웹소설을 시작하시는 분들의 습작을 볼 때 화면 속 글들이 그려 내는 '디자인'부터 봅니다. 문장의 길이는 어떠한지, 후에 기술할 '옵션의 사용'은 어떤지, 서술어의 패턴은 어떤지 말이죠.

웹소설은 '가독성'이 대단히 중요한 콘텐츠입니다. 집에서 편안히 웹소설을 보시는 분들도 계시지만, 이동하는 지하철이나 버스 안에서, 혹은 잠깐 밖에서 대기할 때 읽는 경우가 많으니까요. 문단 디자인은 바로 이 '가독성'과 굉장히 밀접한 관계가 있습니다.

자, 먼저 이 화면을 보겠습니다. 이 글은 제가 작업하고 있는 '박대리' 소설의 본문을 그대로 가져온 것입니다. 프로그램은 한글을 이용했고, 별다른 설정 없이 원고를 주욱 써 내려간 모습입니다.

- 자 먼저 알아보아 할 것은 웹소설이 과연 무엇인가? 웹소설에 대한 '정의'가 되겠죠? 개인적으로 이런 개념적인 내용을 어렸을때부터 선호하지 않아서, 최대한 짧게 서술해보도록 하겠습니다. 웹소설은 웹 환경을 통해 언제 어디서나 쉽게 읽을수 있는 소설을 의미합니다. 출퇴근을 할 때 지하철 안에서, 잠들기전에 침대에 누워서, 때론 쇼파에 편히 앉아 볼수 있는 소설, 몇 시간을 들여 읽는 종이책과 달리 호흡이 짧고, 금방금방 꺼내어 즐길수 있어 '스낵컬처'라고 부르기도 합니다!

- 과거 종이책과 다른 웹소설의 특징중 하나가 쌍방향 소통인데요!
예전에는 우리가 소설을 읽고 재미가 있었는지, 없었는지, 기분이 좋은지 나쁜지에 대해 피드백을 할 수가 없었습니다. 기껏해야 독서토론회나 동호회 같은 곳에서 독자들끼리 작품에 대해 이야기를 나눌 뿐이였죠. 종이책에 나의 감상평을 남긴다 한들 작가가 해당 내용을 확인할수도 없고 말이죠! 하지만 웹소설은 회차마다 독자들이 댓글을 남길수 있고, 그 댓글에 공감한다면 댓글 추천도 할 수 있습니다. 그리고, '평점'을 통해 작품별, 회차별 독자들의 평가를 반영할수 있게 되었죠. 한발 더 나아가 작가에게 직접 쪽지를 보내거나 메일을(!) 보내는것도 가능했습니다. 지금도 대부분의 작가들이 댓글과 평점을 통해서 독자분들의 피드백을 확인하고 있습니다.

- 장르와 플랫폼마다 차이가 있지만 웹소설은 한 회당 5천자 내외로 이루어집니다. 남성향 기준으로 25화가 모이면 한 권 분량이 되죠! 매일매일 새로운 회차가 업로드 되는 일일연재의 구조를 띄고 있습니다. 자, 여기서 한가지 가정을 해보겠습니다. 여러분이 자기전에 침대에 누워 '최강헌터 박대리'의 최신화를 열었습니다. 전투민이 벌어저 흥미진진하게 읽고 있던 찰나, 주인공이 동료에게 배신을 당해 큰 부상을 입었습니다. 이런 맙소사. 주인공이 이 위기를 어떻게 해결하는지 확인하려고 스크롤 바를 내렸는데, 다음 내용이 없는 겁니다!
오늘 나온 내용이 최신 회차이기 때문에 더 읽고 싶어도 원고가 없습니다.
나는 이 불편한 기분을 해소하고 싶은데, 사건이 해결 되려면 내일 이시간까지 다시 기다려야 하는거예요. 굉장히 찝찝한 기분으로 하루가 마무리가 되겠죠?

어떤가요? 전체적으로 읽기 편하다는 느낌이 드시나요? 기본적으로 A4용지와 유사한 사이즈인지라 가로 길이가 제법 긴 편입니다. 그래서 웬만하면 한 줄에 하나의 문장이 자리잡게 되죠.

자 그럼, 이 화면을 스마트폰 기준으로 바꿔 보면 어떻게 될까요?

어떻습니까. 다소 빽빽하고 더 읽기 힘들다는 생각이 들지 않나요? 이렇게 화면 안에 글자가 가득 차 있는 형태를 가리켜 우리는 '벽돌체'라고 부릅니다.

웹소설을 읽을 때 주로 이용하는 기기는 스마트폰이고, 스마트폰의 화면은 가로 길이가 짧습니다. 그래서 조금만 문장이 길어도 독자는 PC 화면이나 종이책보다 더 많은 줄을 읽게 되죠! 여기서부터 근본적인 가독성의 차이가 발생하게 됩니다.

그래서 여러분들은 웹소설을 보는 화면의 형태를 익힐 필요가 있습니다. 같은 글임에도 불구하고 화면 설정(조판 양식)에 따라 글의 느낌이 확 달라지기 때문이죠!

자 그럼, 문단 디자인을 하기 위해서는 어떤 방법들이 있을까요? 아래와 같이 네 가지 꿀팁을 제안합니다!

1 조판 양식 설정

제일 먼저 추천드리고 싶은 방법은 '웹소설 화면과 친해지기'입니다. 한글이나 워드, 기타 문서 입력 화면을 처음부터 웹소설답게 바꿔서 집필하는 거죠. 인터넷에 '한글 웹소설 조판 양식' 혹은 '워드 웹소설 조판 양식'이라고 검색하면 설정 방법을 쉽게 알 수 있습니다. 이렇게 설정하면 아래와 같은 화면이 뜹니다.

어떠신가요? 우리가 평소에 보던 화면과는 확연히 차이가 나죠? 가로 길이가 짧고 세로 길이가 긴 것이 꼭 스마트폰 화면을 닮았습니다. 이 모드에서 원고를 쓰면 내가 쓴 글이 실제로 스마트폰에서 어떻게 보여지는지 실시간으로 감지할 수 있습니다.

쓰는 와중에 '어, 이건 너무 벽돌체 같은데?', '아직 문장이 끝나지도 않았는데 벌써 세 줄이 넘었어…!' 라는 생각이 든다면, 바로 고칠 수가 있겠죠!

2 인수 분해

조판 양식이 끝났다면 우리는 문장에 집중해 볼 필요가 있습니다. 여러분들 모두가 '인수 분해'라는 말을 한 번쯤은 들어 봤을 거예요. 이 책에서 수학을 자세하게 다룰 필요는 없으니, '더 이상 나눌 수 없는 소수로 숫자를 구성하는 방법'이라고 표현해 보겠습니다.

저는 문단 디자인을 할 때 이 '인수 분해'라는 개념을 자주 언급하는데요, 과연 웹소설에서의 인수 분해는 뭘까요?

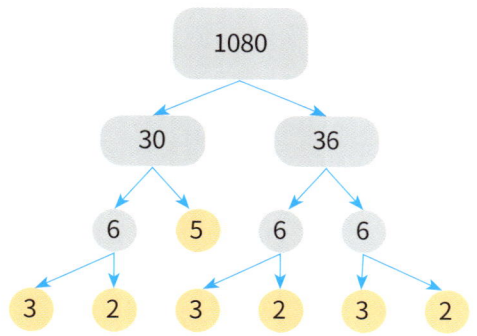

바로 '긴 문장을 짧은 문장으로 변경하는 것'이라고 생각하시면 되겠습니다. 우리가 스마트폰 화면에서 벽돌체를 느끼는 큰 이유는 '과도하게 긴 문장' 때문입니다.

실제로 위에 벽돌체 예시 화면을 보면 아시겠지만, 문장 하나에 두 줄도 넘어가고 세 줄도 넘어가죠? 제가 만약 웹소설을 썼다면 절대로 이런 식의 벽돌체를 가만 놔두지 않았을 겁니다.

자, 그럼 인수 분해를 하는 방법을 알아볼까요?

1. 인과 관계의 인수 분해

첫 번째는 원인과 결과를 쪼개기, 즉 '인과 관계의 인수 분해'입니다.

아래의 예문을 살펴봅시다.

<blockquote>

아까 보았던 예민하고 더러운 성격의 무속성자를 기억하는 교육생들은 조용히 눈을 내리깔거나 치웠다.

'대성기획이 청렴한 회사로 거듭났다'는 기사를 실으려고 했는데 절도 사건이라니, 전 직원들도 이날을 위해 노력해 온지라 허탈한 기분이 들었다.

한국대병원 호흡기내과 간호사로 근무하며 퇴근할 때마다 동생의 얼굴을 보러 얼마나 들락거렸는지, 시헌은 신경외과 간호사들과 안면을 텄다.

</blockquote>

※ 앞으로 보여드릴 예문은 수강생의 습작을 편집하여 만든 문장들입니다.
　비문이 있을 수 있지만 감안해서 봐 주시면 좋겠네요!

우선 화면의 문장 길이부터 보시죠. 문장이 매우 길게 느껴지죠? 저 문장을 웹소설 화면으로 띄운다면 족히 네다섯 줄은 넘어갈 겁니다.

위 예문에는 한 가지 공통점이 있는데요, 바로 한 문장 안에 인과 관계(원인과 결과)가 함께 들어 있다는 점입니다. 수강생분들의 문장이 길어지는 이유 중 하나가 '전달할 정보가 많을 때'인데요, 한 문장 안에 인과 관계를 한꺼번에 담으려고 하다 보니 자연스럽게 문장이 길어지는 것이죠. 이런 문장들을 인수 분해하는 방법은 '원인과 결과를 따로 떼어 놓는 것'입니다.

첫 번째 문장부터 볼까요?

| 예민하고 더러운 성격의 무속성자를 기억하고 있기 때문에 | — 원인 |
| 교육생들이 눈을 내리깔은 것 | — 결과 |

두 번째 문장은 이렇습니다.

| 절도 사건으로 인해 | — 원인 |
| 직원들이 허탈한 기분이 들었다 | — 결과 |

세 번째 문장은

| 호흡기내과였던 주인공이 동생을 보러 하도 들락거리다 보니 | — 원인 |
| 신경외과 간호사들과 안면을 텄다. | — 결과 |

이렇게 한 문장 안에 인과 관계를 모두 담아 문장이 길어질 경우, 해당 원인과 결과를 각각 단문으로 처리하면(인수 분해) 가독성을 높일 수 있습니다.

원인과 결과의 인수분해를 적용하여 문장을 새롭게 만들어 볼까요?

교육생들은 조용히 눈을 내리깔거나 치웠다.
아까 보았던 예민하고 더러운 성격의 무속성자를 기억했기 때문이다.

사원들에게 격려 메일과 '대성기획이 청렴한 회사로 거듭났다'라는
기사도 준비했다.
그런데 절도 사건이라니.

이날을 위해 노력해 온 전 직원들이 허탈한 기분에 빠졌다.

이제는 신경외과 간호사들과 안면을 텄다.
한국대병원 호흡기내과 간호사로 근무하며 퇴근할 때마다 자주 들락거렸기 때문이다.
이유는 당연히 동생의 얼굴을 보기 위해서다.

바로 이렇게 말이죠!

위 화면과 비교하면 문장의 길이가 짧아졌고, 더 편하게 읽을 수 있죠? 책으로 봐도 이 정도 차이인데, 스마트폰 화면이면 그 변화가 더욱 극명하게 나타날 겁니다.

좀 더 심화 과정으로 들어가 볼까요? 눈치가 빠르신 분들은 바로 아시겠지만, 마지막 예문은 사실 두 개의 인과 관계가 포함되어 있습니다. 예문에 강조(원인)가 두 개지요?

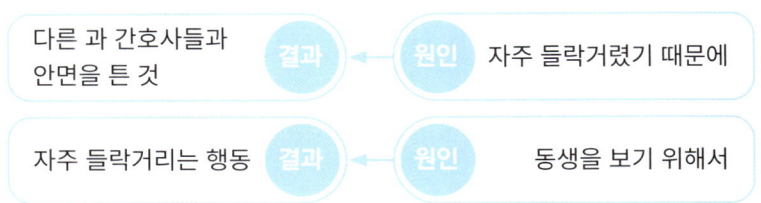

이렇게 나눌 수 있겠네요! 또 한 가지, 이렇게 인과 관계를 나누게 되면 문장의 순서가 자연스럽게 바뀌기도 합니다. 첫 번째 예문과 세 번째 예문에서는 문장 순서가 바뀐 것을 확인할 수 있죠?

이런 방식으로 인수 분해를 하면 문장의 길이가 짧아지는 것 외에도 특별한 효과를 기대할 수 있습니다. 궁금하시다면 인수 분해 챕터를 끝까지 잘 읽어 주세요!

2. '묘사'의 인수 분해

묘사의 인수 분해는 인과 관계보다 쉽습니다. 앞서 말씀드린 것처럼 긴 문장은 '너무 많은 정보를 한 문장에 담을 때' 자주 발생합니다. 묘사 또한 마찬가지인데요, 한 문장에 갖가지 묘사들을 많이 담을 때 문장이 길어진다던가 만연체가 나타나게 됩니다.

예문을 보시죠!

단상에는 마이크 대신 진주가 박힌 듯한 꽃이 피어 있었고, 천장에는 조명 대신 빛덩어리가 담긴 유리구가 떠 있었다.

환자복 상의 밖으로 나와 있는 세 개의 선을 만져 보는데 손등에는 수액과 연결된 주삿바늘이, 검지손가락에는 드라마 속 병원에서 봤던 산소포화도 측정기가 달려 있었다.
달빛이 흐르는 듯한 은빛 머리칼과 벌꿀 같은 짙은 호박색 눈동자, 월계수나무 같은 호리호리하고 탄탄한 몸을 보면 올림포스의 남신이라 말해도 믿을 것 같았다.

각 예문을 보면 여러 가지 묘사를 한 문장에 담아 넣은 것을 볼 수 있습니다. 적어도 웹소설을 스마트폰으로 읽을 때에는 이러한 긴 문장이 가독성을 해칠 가능성이 높습니다. 해결 방법은 묘사를 하는 하나의 '단위'별로 문장을 쪼개는 인수 분해를 하는 것입니다.

이제 묘사의 인수 분해를 적용해 봅시다. 다음 문장처럼요.

단상에는 마이크 대신 진주가 박힌 듯한 꽃이 피어 있었다.
천장에는 조명 대신 빛덩어리가 담긴 유리구가 떠 있었다.

환자복 상의 밖으로 나와 있는 세 개의 선을 만져 보았다.
손등에는 수액과 연결된 주삿바늘이 달려 있었다.
검지손가락에는 드라마 속 병원에서 봤던 산소포화도 측정기가
달려 있었다.

달빛이 흐르는 듯한 은빛 머리칼,
벌꿀 같은 짙은 호박색 눈동자,
월계수나무 같은 호리호리하고 탄탄한 몸을 보면
올림포스의 남신이라 말해도 믿을 것 같았다.

3. '동작'의 인수 분해

다음은 동작의 인수 분해입니다. 주인공이나 기타 캐릭터들이 하는 동작과 행동을 한 문장에 넣다 보면 문장이 길어지고 가독성을 저해합니다.

예시 문장을 살펴봅시다.

케인이 당황한 순간 여자는 검을 찔러 케인의 목을 노렸고 그의 목이 뚫리려는 순간 엘사가 창을 내세우고 돌진해 여자의 목을 뚫었다.

초조한 마음에 시계를 쳐다본 연진은 입술을 깨물고 선크림을 치덕치덕 바른 뒤, 양말을 신은 건지 어쩐 건지 문을 닫은 건지 어쩐 건지 하고

집을 나섰다.

은영은 화장 안 한 얼굴은 검은 마스크로, 감지 않은 머리는 검은 캡으로 가리고 5분 만에 집 밖으로 나왔다.

잘 살펴 보면 전체적으로 '묘사'의 인수 분해와 비슷하죠? 해결 방법 또한 동일합니다. 문장을 하나의 동작 단위로 인수 분해하는 것이죠!

동작의 인수 분해를 적용한 문장을 살펴봅시다.

케인이 당황한 순간 여자는 검을 찔러 케인의 목을 노렸다.
그의 목이 뚫리려는 순간이었다.
엘사가 창을 내세우고 돌진했다.
그리고는 여자의 목을 뚫었다.

초조한 마음에 시계를 쳐다본 연진.
입술을 깨물고 선크림을 치덕치덕 발랐다.
양말을 신은 건지 어쩐 건지.
문을 닫은 건지 어쩐 건지.
그렇게 하고 집을 나섰다.

은영은 화장 안 한 얼굴은 검은 마스크로,
감지 않은 머리는 검은 캡으로,
그렇게 가리고 5분 만에 집 밖으로 나왔다.

4. '장면'의 인수 분해

다음은 장면의 인수 분해입니다. '장면'은 '어떤 장소에서 겉으로 드러난 면이나 벌어진 광경'을 뜻하는데요, 독자들은 웹소설의 지문을 통해 특정한 장면을 머릿속으로 그려 냅니다.

만약 한 문장에 그려야 할 장면이 다수 등장한다면, 아무래도 읽는 데 어려움이 생기겠죠?

아래의 문장을 살펴봅시다.

> 케인과 헬프가 굉음이 터진 집안에 들어서자 바네사가 반쯤 정신이 나가 피눈물을 흘리며 입에서 불을 뿜어 대고 있었다.

> 다시 똑같은 박자의 노크가 울리고 주치의라고 생각한 셋은 급하게 매무새를 다듬는데 수연의 또래로 보이는 남자가 서 있었다.

> 면접장 안에 들어서자 꼰대스러운 면접관들이 주욱 앉아 있었는데, 다행히 옆에 앉은 응시자들도 나처럼 긴장하는 모습이 보여 안도의 한숨을 쉬었다.

자, 첫 번째 예문을 보면 우리는 어떤 장면을 떠올릴까요? 케인과 헬프가 굉음이 터지는 집안에 들어서는 장면, 그리고 그 안에서 바네사가 폭주를 하는 장면을 떠올릴 수 있습니다.

이런 과정에서 문장을 간결하게 만들어, 한 문장에 하나의 장면만 떠올릴 수 있다면 문단 디자인은 물론이요, 독자들에게 새로운 장면을 떠올리는 여유를 제공하게 됩니다.

아래는 장면의 인수 분해를 적용한 문장입니다.

케인과 헬프가 굉음이 터진 집안에 들어섰다.
바네사가 반쯤 정신이 나가 피눈물을 흘리며
입에서 불을 뿜어 대고 있었다.

다시 똑같은 박자의 노크가 울렸다.
주치의라고 생각한 셋은 급하게 매무새를 다듬었다.
그런데 수연의 또래로 보이는 남자가 서 있었다.

면접장 안에 들어서자 꼰대스러운 면접관들이 주욱 앉아 있었다.
그럼에도 다행히 안도의 한숨을 쉴 수 있었다.
옆에 앉은 응시자들도 나처럼 긴장하는 모습이 보였기 때문이다.

이렇게 장면 단위로 문장을 인수 분해하니 가독성이 올라간 것 같지 않나요? 여기서 더 심화해 들어가자면, 세 번째 예문은 다른 두 개와 달리 문장의 순서가 바뀐 것을 볼 수 있습니다. 왜 그런 걸까요?

앞서 이야기했던 인과 관계(원인과 결과)의 인수 분해를 사용했기 때문인데요! 주인공이 안도의 한숨을 쉰 것(결과)과 옆에서 긴장하고 있는 다른 응시생들을 본 것(원인)이 인과 관계를 형성하고 있습니다. 이렇게 될 경우 문장의 앞뒤를 바꿀 수 있다고 말씀드렸죠?

세 번째 예문에는 장면의 연속뿐만 아니라 인과 관계까지 한 문장에 들어가다 보니 문장이 길어진 것입니다.

5. 구어체로 인수 분해

국어국문학자료사전에 따르면 구어체란 '일상 회화에서 접할 수 있는 말투를 글로 옮긴 경우'입니다. 쉽게 말해 옆 사람에게 이야기하듯이 표현하는 서술법인데요. 이런 구어체만 따로 인수 분해하면 문단 디자인을 살리고 몰입감을 더 부여할 수 있습니다.

아래의 글을 살펴봅시다.

그저 원형 탁자며 의자까지 생전의 세미나실 같은 거라고 생각했는데 역시 현실과는 좀 다른 부분들이 있었다.

지금 나를 놀리는 건가 싶은 마음에 소리를 빽 질렀다.

너무나 통쾌한 마음에 자업자득이야 라고 말하고 싶었지만 일단은 마음속으로만 외치기로 했다.

여기 표기된 예문 중에서 강조 부분을 구어체로 인수 분해해 볼까요? 문장 부호를 곁들인다면 더욱 생생한 감정을 전달할 수 있습니다.

아래의 글처럼 말이죠!

그저 원형 탁자며 의자까지 생전의 세미나실 같은 거라고 생각했는데. 역시 현실과는 좀 다른 부분들이 있었다.

지금 나를 놀리는 건가?
그런 마음에 소리를 빽 질렀다.

너무나 통쾌하다.

자업자득이야!

그렇게 말하고 싶었지만 일단은 마음속으로만 외치기로 했다.

3 옵션의 사용

문단 디자인은 몇 가지 옵션을 통해서 가독성과 현장감을 높일 수 있습니다. 앞서 배웠던 조판 양식과 인수 분해는 물론이고, 여기에 의성어, 의태어, 대화, 생각, 구어체 등의 '옵션'을 섞으면 전체적인 디자인이 확 살아납니다. 우선 아래의 예문을 보겠습니다.

요새에 모여 있는 인간들을 감지한 그루센이 포효를 내질렀다.
나는 즉시 하던 행동을 멈췄다.
소설에서 보았던 그루센의 중요한 특징 중 하나가 떠올랐기 때문이다.
평소 깊은 동굴에 서식하는 그루센은 시력이 거의 퇴화하다시피 한 대신 청력이 엄청나게 발달했다.
그 말은 고로 소리만 내지 않으면 녀석은 인지하지 못한다는 것이었다.
그러나 요새에 모여 있던 사람들은 그 사실을 모르는 듯했다.
그들은 그루센을 보자마자 소리를 지르며 화살을 쏘아 댔다.
멍청한 짓이었다. 평범한 화살은 그루센의 가죽을 뚫기는커녕 화만 돋게 할 뿐이었다.
분노한 그루센은 그대로 요새로 돌진해 인간들을 가리지 않고 죽이기 시작했다.

먼저 질문을 하나 드리겠습니다. 해당 장면은 평온한 상황인가요? 긴박한 상황인가요? 대부분의 독자 여러분들은 긴박한 상황이라고 생각하실 겁니다.

하지만, 상황은 분명 긴박한데 그 긴장감과 생동감이 잘 와닿지 않죠? 기본적인 서술만 반복이 되면서, 어떠한 옵션도 사용하지 않았기 때문입니다.

반면 아래 예문을 보시죠.

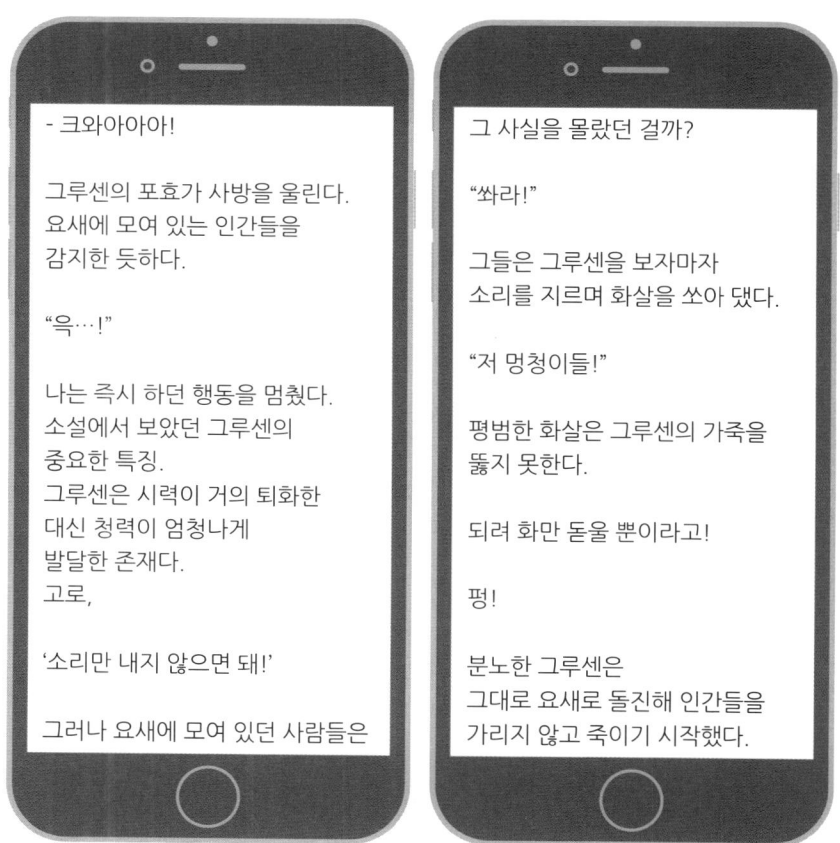

우선 조판 양식을 설정해 좌우 화면을 스마트폰 형식으로 나누었습니다. 거기에 불필요하게 길었던 문장을 수정하고, 그루센의 포효 소리, 주인공의

신음과 생각, 구어체를 적절하게 삽입해 가독성과 현장감을 살려 보았습니다. 어떤 옵션이 사용되었는지 조금 더 선명하게 드러내 보겠습니다.

- 크와아아아!

그루센의 포효가 사방을 울린다.
요새에 모여 있는 인간들을
감지한 듯하다. `인수 분해`

"윽…!" `옵션 : 혼잣말`

나는 즉시 하던 행동을 멈췄다.
소설에서 보았던 그루센의
중요한 특징.
그루센은 시력이 거의 퇴화한
대신 청력이 엄청나게
발달한 존재다. `인수 분해`
고로,

'소리만 내지 않으면 돼!'
`옵션 : 생각`

그러나 요새에 모여 있던 사람들은 그 사실을 몰랐던 걸까?

"쏴라!" `옵션 : 대화`

그들은 그루센을 보자마자
소리를 지르며 화살을 쏘아 댔다.

"저 멍청이들!" `옵션 : 혼잣말`

평범한 화살은 그루센의 가죽을
뚫지 못한다.

되려 화만 돋울 뿐이라고!
`구어체`

펑! `옵션 : 의성어`

분노한 그루센은
그대로 요새로 돌진해 인간들을
가리지 않고 죽이기 시작했다.

우리가 처음에 보았던 예문과 비교해 보면 얼마나 웹소설답게 변했는지 확인하실 수 있을 거예요!

4 서술어의 패턴

앞서 사용한 예문을 다시 불러 보겠습니다. 다만, 이번에는 다른 포인트로 접근해 보려고 해요.

> 요새에 모여 있는 인간들을 감지한 그루센이 포효를 내질렀다.
> 나는 즉시 하던 행동을 멈췄다.
> 소설에서 보았던 그루센의 중요한 특징 중 하나가 떠올랐기 때문이다.
> 평소 깊은 동굴에 서식하는 그루센은 시력이 거의 퇴화하다시피 한 대신 청력이 엄청나게 발달했다.
> 그 말은 고로 소리만 내지 않으면 녀석은 인지하지 못한다는 것이었다.
> 그러나 요새에 모여 있던 사람들은 그 사실을 모르는 듯했다.
> 그들은 그루센을 보자마자 소리를 지르며 화살을 쏘아 댔다.
> 멍청한 짓이었다. 평범한 화살은 그루센의 가죽을 뚫기는커녕 화만 돋게 할 뿐이었다.
> 분노한 그루센은 그대로 요새로 돌진해 인간들을 가리지 않고 죽이기 시작했다.

문장의 마지막, 서술 패턴만 골라서 표시를 해두었습니다. 어떤가요? 모든 문장이 동일하게 '~~했다'로 종료되죠? 이런 식으로 패턴이 획일화되면 독자들의 입장에서는 현장감을 느끼기가 어렵습니다. 웹소설이 아니라 신문의 기사나 수필을 읽는 듯한 기분이 들게 되죠. 매번 서술어의 패턴을 다르게 할 필요는 없지만, 조금 단조롭다 생각되면 변형을 하는 것이 문단 디자인에 도움이 됩니다.

문장을 바꾸어서 다시 살펴볼까요?

- 크와아아아!

그루센의 포효가 사방을 울린다.
요새에 모여 있는 인간들을
감지한 듯하다.

"윽…!"

나는 즉시 하던 행동을 멈췄다.
소설에서 보았던 그루센의
중요한 특징.
그루센은 시력이 거의 퇴화한
대신 청력이 엄청나게
발달한 존재다.
고로,

'소리만 내지 않으면 돼!'

그러나 요새에 모여 있던 사람

들은 그 사실을 몰랐던 걸까?

"쏴라!"

그들은 그루센을 보자마자
소리를 지르며 화살을 쏘아 댔다.

"저 멍청이들!"

평범한 화살은 그루센의 가죽을
뚫지 못한다.

되려 화만 돋울 뿐이라고!

펑!

분노한 그루센은
그대로 요새로 돌진해 인간들을
가리지 않고 죽이기 시작했다.

앞서 사용했던 '옵션' 뿐만 아니라 서술어의 패턴까지 일부분 변화를 주었습니다. 제일 처음 예문과 수정본을 비교해 가면서 달라진 느낌을 체득하면 좋을 것 같네요!!

여러분, 앞서 인과 관계의 인수 분해를 할 때 문장의 앞뒤가 바뀔 수 있다고 했습니다. 가령, 병태가 약속 시간에 늦어서 지영이가 단단히 **화가 났다**. 라는 문장이 있다고 하면, '병태가 약속 시간에 늦었다. 그래서 지영이가 단단히 **화가 났다**' 라고 바꿀 수도 있지만, '지영이는 단단히 화가 났다. 병태가 약속 시간에 늦었기 **때문이다**' 라고 바꿀 수도 있죠? 이렇게 인과 관계로 인해서 문장의 앞뒤가 바뀌게 되면 자연스레 서술어가 ~~ 때문이다, ~~했으니까 라는 식으로 변하게 됩니다. 그 말인즉, 우리가 딱히 의식하지 않아도 **자연스레 서술어의 패턴 변화**를 줄 수 있다는 의미입니다. 그러니 서술어의 패턴을 변화시키기 위해서라도 인과 관계는 앞뒤를 바꿔 인수 분해를 하면 좋겠죠? 한 번에 두 가지 효과를 얻을 수 있으니까요!

🔍 2. 보여주기

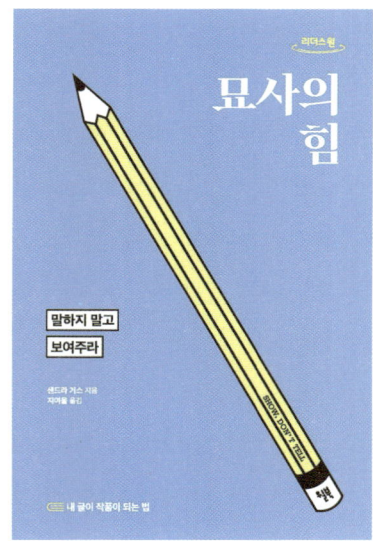

〈묘사의 힘〉 표지이미지.
ⓒ샌드라 거스 지음, 지여울 옮김, 윌북 출간

강의를 시작한 뒤로 서점에 가는 빈도가 늘었습니다. 새로 나온 작법서가 있는지, 강의에 도움이 되는 자료가 새로 나왔는지 확인하기 위해서인데요! 그런 와중에 정말 보물같은 서적을 발견하게 되었습니다. 바로 〈묘사의 힘〉이라는 책입니다. 샌드라 거스는 아마존 베스트셀러 1위에 여러 차례 작품을 올린 소설가이자 편집자인데요, 훌륭한 작가님이 만든 작법서인만큼 그 내용도 정말 알차고 좋았습니다. 아래에는 서적에 대한 서평입니다. 한번 보실까요?

❖ '2. 보여주기'는 샌드라 거스의 도서 〈묘사의 힘〉 내용을 토대로 집필하였습니다.

> **소설가란?**
>
> 소설가란, 필연적으로 작품 뒤로 사라질 수밖에 없는 운명을 지닌 사람이다. 그 운명을 거부하고 작품 앞으로 나서는 순간, 소설은 소설가의 부록처럼 그 빛을 잃고 하나의 입장으로 떨어지고 만다. 그래서 소설가의 문장은 '말하기' 보다 '보여주기'로 갈 수밖에 없다. 이 작은 책은 마치 소설 쓰기의 은밀한 기술을 가르쳐 주고 있는 것처럼 보이지만, 그것이 마지막에 도착한 곳은 역시나 소설 쓰기의 태도다. **작가의 입장**을 대변하는 글쓰기가 아닌, **독자와 함께 경험하고 감각**하는 글쓰기, **주장**을 밀고 나가는 글쓰기가 아닌, 타인과 감정을 **공유**하는 글쓰기(후략).

소설가란, 필연적으로 작품 뒤로 사라질 수밖에 없는 운명을 지닌 사람이다. 정말 멋지고도 의미심장한 문장입니다! 우리는 소설이라는 '허구'를 읽지만, 소설을 읽는 동안 이것이 '허구'라는 것을 인식하지 않습니다. 마치 실제로 일어났던 일이나, 어딘가에서 벌어진 일이라고 상상하며 소설을 읽게 되죠.

그런데 소설을 읽는 도중 이 이야기를 만든 작가가 본인의 존재감을 드러낸다면 어떨까요? 독자들이 기껏 외면하고 있던 '허구'라는 개념이 다시금 수면 위로 떠오르게 됩니다. 아 맞다, 이거 지어낸 이야기였지? 라고 생각을 하게 되는 순간 몰입은 깨지고 작품은 생명력을 잃게 되는 거죠.

몇몇 드라마에서 엔딩 장면에 '이것은 사실 누가 지어낸 이야기야', '이것은 사실 꿈에서 꾼 내용이야' 라는 내용을 삽입했다가 어마어마한 욕을 먹었던 사례를 기억하시나요? 정작 시청자들은 이 내용에 몰입하고 현실감을 부여하며 드라마를 봤는데, 그들이 외면하고 있던 '허구'를 굳이 보여주는 기법을 사용했기 때문에 실망하게 됩니다. 그래서 소설가는 작품 뒤로 꽁꽁 숨어야 한다는 이야기가 나오는 겁니다.

'작가의 입장'을 대변하는 글쓰기가 아니라 '독자와 함께 경험하고 감각하는 글쓰기', 작가의 주장을 밀고 나가는 글쓰기가 아니라 감정을 공유하는 글쓰기. 웹소설의 특징과 매우 유사하지 않나요? 샌드라 거스가 한국의 웹소설을 염두하고 쓴 책이 아님에도, 결국 우리의 방향성과 이 책의 방향성이 유사하다는 것을 알 수 있습니다!

〈슈퍼스타 천대리〉 1화입니다. 한지혁의 영혼이 천호연에게 "슈퍼스타로 만들어주마!"라고 소리치는 장면인데요. 분명 같은 대사임에도 왼쪽에 비해 오른쪽의 웹소설은 밋밋하게 느껴지지요?

여러분, '드래곤볼'의 한 장면을 떠올려보겠습니다. 동료인 크리링을 잃고 초 사이어인으로 변한 손오공이 '프리저! 나 정말 화났다!'라며 분노하는 장면입니다. 만약 그 장면을 웹소설로 옮기면 어떻게 될까요? 만화처럼 손오공의 대사만 옮겨 적는다면 목표한 장면을 연출할 수 있을까요?

제 대답은 '불가능하다'입니다. 만화는 가능하지만 웹소설은 불가능한 이유, 그것은 '정보를 전달하는 요소의 차이'입니다.

시선을 다시 만화로 돌려 볼까요? 만화에는 손오공이 하는 대사 말고도 '그림'이라는 요소를 통해 많은 정보를 얻을 수 있습니다. 분노에 찬 손오공의 얼굴, 불끈 쥔 두 주먹, 화가 잔뜩 나 웅크린 몸, 하늘을 향해 솟은 머리칼, 손오공의 주변을 감싸고 있는 무시무시한 기운 등.

그러나 웹소설에서는 이러한 시각적 정보를 전달할 수단이 없기 때문에, 저렇게 단순히 대사만 던지는 것은 별다른 임펙트를 주기가 어렵다는 겁니다. '양 손을 불끈 쥔 손오공이 불타는 시선을 전방으로 던졌다. 하늘을 향해 치솟은 머리칼이 그의 끓어오르는 분노를 드러내는 듯했다' 따위의 서술을 '보여 줘야' 비로소 비슷한 느낌을 전달할 수가 있습니다. 웹소설은 텍스트로만 이루어진 콘텐츠이고, 그런 특성 때문에 '보여주기' 기법이 필요한 것이죠.

말하지 말고 보여주세요!

말하기	보여주기
작가가 단정한 결론과 해석을 독자에게 전해 주는 일 독자가 생각할 기회를 주지 않고 '지정'해 줌 예시 그는 추웠다.	독자에게 세부 사항을 전달한 끝에 스스로 결론을 '유도' 예시 입김을 뱉자마자 그의 이가 덜덜 떨리며 맞부딪쳤다.

※ 웹소설만이 아니라 모든 영역에 해당됩니다!

샌드라 거스의 서적에서도 나왔지만, 보여주기 기법은 비단 웹소설 뿐만 아니라 모든 글쓰기 영역에 해당된다고 볼 수 있습니다.

'말하기'와 '보여주기'는 어떻게 구별할 수 있을까요? '말하기'는 작가가 단정내린 결론과 해석을 독자들에게 전해 주는 일입니다. 독자에게 생각할 기회를 주지 않고 '지정'하는 것인데요, 이렇게 말하면 감이 잘 오지 않죠?

예문과 같이 '그는 추웠다' 혹은 '그는 행복했다' 라는 식으로 캐릭터의 상태를 '지정'하는 것이 말하기 기법입니다.

반면 '보여주기' 기법은 어떨까요? 예문을 보면, '입김을 뱉자마자 그의 이가 덜덜 떨리며 맞부딪쳤다'라고 되어있습니다. 입김을 뱉을 만큼 추운 날씨, 그리고 덜덜 떨리는 치아. 이런 상황을 떠올려보면 누구나 '춥다'라는 느낌을 가질 수 있죠?

직접적으로 '그는 추웠다'라고 말하는 것이 아니라, 어떤 장면을 그려 내면서 캐릭터가 어떤 상황인지 유추하는 것. 그게 바로 보여주기 기법입니다.

스포일러

⚠️ **스포일러** — 영화나 연극을 아직 보지 않은 사람에게 주요 내용, 특히 결말을 미리 알려서 보는 재미를 크게 떨어뜨리는 사람. 또는 그런 내용의 말이나 글

⚠️ **스포주의!** — 우리가 스포일러를 싫어하는 이유?
말하기는 아주 작은 단위의 스포일러와도 같다

⚠️ **과정의 중요성** — 어차피 주인공이 이길텐데 왜 봄?
그 과정을 함께 즐기고 공유하기 위해서

제가 예전에 '쏘우'라는 영화를 보러 간다고 하니까, 친구가 단톡방에서 "×××가 범인"이라고 스포일러를 했던 기억이 납니다. 지금도 그때를 떠올

리면 이가 갈리는데요, 많은 분들이 스포일러를 당하는 일을 굉장히 싫어합니다. 왜 그럴까요? 스포일러는 '범인이 누구인지 사전에 지정'해 주는 행위입니다. 범인은 과연 누구일지, 나름대로 머리를 써 가며 씹고 뜯고 맛보는 시간을 즐겨야 하는데, 스포일러 한 방에 그 재미가 모두 사라져 버린 것이죠. 그런 의미에서 '말하기' 기법은 아주 작은 단위의 스포일러와도 같습니다. 독자들이 머릿속으로 장면을 떠올리며 주인공이 어떤 상태인지, 그가 느끼는 감정이 어떤 것인지 유추하는 즐거움을 사전에 앗아 가는 표현법인 것이죠.

많은 콘텐츠들이 그러하지만, 특히나 웹소설은 '해피엔딩'이 많습니다. 고구마보다는 사이다를 좋아하는 웹소설 특유의 감성 때문일 텐데요.

누군가는 그렇게 생각할 수 있습니다. '어차피 웹소설 주인공이 이기는 걸로 끝날 텐데 왜 봄?' 이라고 말이죠. 주인공이 목표를 달성할 거라는 점이야 우리 모두가 다 알고 있습니다. 다만, 우리는 그 결과보다 과정에 집중하는 겁니다. 작가가 '보여주는' 모든 장면을 즐기면서 말이죠.

말하기와 보여주기에는 위와 같은 차이점이 있습니다. '보여주기를 축약

말하기 vs 보여주기

말하기	보여주기
· 사건 다음날, 신문에서 사고를 읽는 것과 유사 · 과거의 일을 요약 · 추상적 · 서술적 요약 · 독자가 이야기 속 사건과 인물에게 '거리'를 두게 하여 정보를 '수동적'으로 받아들임	· 사건을 직접 보고 듣고 판단하는 방식 · 독자가 인물의 오감을 통해 직접 '경험' · 시점 인물에게 깊이 동화해서 소설에 몰입 · 머릿속에 '구체적'이고 '상세한' 그림을 유도 · 독자들을 '이야기 안'으로 끌어들여 '능동적인 참여자'로 만듦

하면 말하기가 된다'라고 표현할 수도 있겠네요.

조금 더 정확히, '말하기'와 '보여주기'를 구별하는 방법을 소개하겠습니다.

1. 결론	독자에게 **결론을 제시한다면** 말하고 있다는 뜻 말하기 그가 일부러 싸움을 걸려는 것이 명확했다.
2. 추상적 표현	무슨 일이 벌어지고 있는지 **머릿속으로 그릴 수 없음** 말하기 여자는 남자의 몸 컨디션을 확인했다. 남자는 아직 살아 있었다.
3. 요약	시놉시스처럼 **사건을 축약하는** 서술 말하기 나는 트럭 짐칸에서 시체를 발견했다.

이렇게 작가 스스로 결론을 내리거나 추상적인 표현, 그리고 요약을 서술하다 보면 말하기 기법을 사용하게 됩니다. 이 지문을 어떻게 변화시킬 수 있을까요?

우선 첫 번째 문장부터 고쳐 보겠습니다. 여러분, 남한테 일부러 시비를 걸어 본 적이 있으신가요? 이 도서를 읽는 독자분들은 모두 마음이 따듯하신 분들이니 그럴 리 없겠지만, 가정이라도 해 보겠습니다. 내가 다른 사람한테 시비를 걸고 싶다. 어떻게 해서든 이 사람의 기분을 나쁘게 하고 싶다. 그러면 어떤 행동을 해야 할까요? 불온한 눈빛을 던지고, 괜한 트집을 잡고, 욕설을 내뱉거나 육체적인 충돌을 일으키는 방법 등이 있겠죠? 저도 여러분들처럼 마음이 따뜻한 사람인지라, 예시를 떠올리는 게 무척이나 힘들었답니다.

이번에는 두 번째 표현을 보겠습니다. 여러분, 인간의 신체에 '몸 컨디션'이라는 기관은 없죠? '몸 컨디션'이라는 것은 추상적인 단어이고, 이 사람이 살아 있는지 죽었는지 확인할 수 있는 좀 더 구체적인 방법이 존재합니다. 여러분들이 눈앞에 누워 있는 사람의 상태를 확인해야 한다고 가정해 보겠습니다. 어떻게 해야 할까요? 손가락 끝을 코에 대어서 숨을 쉬는지 확인하고, 손목을 잡아서 맥박이 뛰는지도 확인해 보고, 눈꺼풀을 위로 올려서 동공의 반응을 확인하는 등 다양한 방법이 있을 거예요. '보여주기'는 이러한 과정을 독자들의 머릿속에 펼쳐 놓는 과정이라고 할 수 있습니다.

세 번째 표현처럼 어떤 사건을 요약하는 문장도 전형적인 '말하기' 기법이라고 할 수 있겠네요. 우리는 다음 화면에서 좀 더 나은 표현을 확인할 수 있습니다.

말하기	보여주기
그가 일부러 싸움을 걸려는 것이 명확했다.	"너 정말 못생겼다?" 그는 한껏 찡그린 얼굴을 내 코앞에 들이댔다.
여자는 남자의 몸 컨디션을 확인했다. 남자는 아직 살아 있었다.	여자는 몸을 구부려 그의 호흡을 확인한 뒤 목에 손가락을 갖다 댔다. 가냘픈 맥박이 손끝에서 뛰었다.
나는 트럭 짐칸에서 시체를 발견했다.	트럭 짐칸에 들어서자, 메스꺼우면서도 달큰한 악취가 풍겨 오는 바람에 비틀거리며 뒷걸음질을 쳤다. 초점을 잃은 눈동자가 나를 빤히 올려다보고 있었다.

어떤가요? '말하기' 기법에 비해서 '보여주기' 기법이 더 뚜렷하게 상상할 수 있고, 몰입도 더 잘 되는 것 같죠?

'말하기' 기법은 '부사'를 사용할 때도 빈번하게 발생합니다. '부사'는 태생적으로 '말하기' 성격을 지닌 품사인데요, 첫 번째 방법은 해당 부사를 빼 버리는 겁니다.

예를 들어 '강아지가 꼬리를 다리 사이로 말고 불안스레 낑낑거렸다'라는 문장이 있다면, 이 부사를 빼도 의미가 통하는지 보는 거죠. 자, 강아지가 꼬리를 다리 사이로 말고 낑낑거린다면, 이 경우 자연스럽게 불안해한다는 느낌을 받을 수 있죠? 그렇다면 '불안스레'라는 부사는 굳이 있을 필요가 없습니다. 같은 의미가 반복되는 거니까요!

두 번째 방법은 부사를 빼는 대신 '힘이 강한 동사'를 사용하는 것입니다. 힘이 강한 동사, 뭔가 말뜻이 어렵죠? 힘이 강한 동사는 단독으로도 의미를 줄 수 있는 동사를 뜻합니다. '한스는 이동했다.' 라는 표현은 위치의 이동을 나타내지만 그 외의 뜻을 전달하기는 어렵죠?

하지만 '한스는 어슬렁거렸다.' 라는 표현은 어떤가요? 이동과 동시에 뭔가 천천히 서성이는 부가적인 느낌을 받을 수 있습니다. 다른 표현으로 '한스는 질주했다.'라는 문장을 볼까요? 이동을 했다는 의미에 더해, 뭔가 맹렬히 달려가는 느낌을 더할 수가 있습니다. 이렇게 동사 하나만으로 강한 힘과 의미를 부여할 수 있다면, 굳이 부사를 사용할 필요가 없는 거죠.

부사를 생략하거나 힘이 강한 동사로 대체하는 예문은 다음과 같습니다.

말하기	보여주기
강아지가 불안스레 낑낑거렸다.	강아지가 꼬리를 다리 사이로 말고 낑낑거렸다
"거짓말 하지 마!" 그는 격분하여 소리를 질렀다.	"거짓말 하지 마!" 그는 손바닥으로 탁자를 내리쳤다.
티나는 거리를 천천히 걸어갔다.	티나는 거리를 어슬렁거렸다.

그밖에 '형용사'를 사용할 때도 말하기 기법이 자주 나오게 됩니다. '한스는 두려운 마음이었다' 라는 예문을 보면 알 수 있죠. 여러분, 두려운 기분이 들면 사람의 상태나 행동이 어떻게 변하죠? 다리가 후들거린다거나, 눈동자가 떨린다거나, 식은땀이 나기도 하겠죠? '보여주기'는 바로 이런 것들을 직접 드러내는 작업입니다.

또한 감정을 직접 언급하는 경우(안도, 희열 등), 무언가를 깨달았을 때의 표현에서도 '보여주기'를 사용할 수 있습니다!

말하기	보여주기
계단을 내려가는 동안 두려운 마음이었다.	계단을 내려가는 동안 다리가 후들거렸다.
조나단이 떠나자 켈린과 카엘은 안도했다.	조나단이 나가고 문이 닫히자 켈린은 땀범벅이 된 이마를 닦았고, 카엘은 참고 있던 숨을 토해 냈다.
티나는 열쇠를 잃어버렸다는 것을 깨달았다.	티나는 주머니를 뒤졌다. 아무것도 없었다. 이런, 열쇠가 어디 갔지?

3. 영향력(변·지·영)

다음은 영향력입니다. 저는 개인적으로 이 주제를 좋아합니다. 왜냐하면 이 '영향력'이라는 것은 비단 웹소설뿐만 아니라, 우리 삶을 관통하는 요소라고 생각하기 때문이죠. 너무 거창하다고 생각하시나요? 하지만 실제로 우리의 삶에서 많은 부분이 이 '영향력'과 밀접한 관계를 맺고 있습니다.

지금부터 제가 하나하나 설명할 테니, 함께 발을 맞춰 걸어 보실까요? 어째서 웹소설의 등장인물들이 주인공을 지겹도록 칭찬하는가? 그 비밀이 이번 챕터에 밝혀질 겁니다.

먼저 마음속으로 한번 외치고 가 볼까요? 변·지·영. 이것은 '변화=지배=영향력'을 뜻하는 공식입니다.

1 악플러

시작은 악플러입니다. 이것 또한 뜬금없다고 여기실 분들이 많을 것 같네요! 웹소설의 영향력에 대해 이야기하다가 갑자기 악플러라니? 하고 말이죠.

자, 일단 악플에 앞서 어째서 사람들이 '댓글'을 다는 걸까요? 여러 가지 이유가 있겠지만, 특정 콘텐츠에 대해서 나의 의견을 피력하고, 다른 사람들과 소통하려는 목적이 가장 클 것입니다. 댓글을 통해 다른 사람들과 '공감'을 하려는 것이죠. 그래서 우리는 악플러의 생각을 이해하기가 힘듭니다. 누군가가 의도적으로 악플을 달면, 사람들은 공감은커녕 '비난'을 하게 되니까요. 악플러를 보면서 한두 번쯤 그런 생각을 해 보셨을 거예요. 저 사람은 도대체 뭐가 좋아서, 무엇을 위해서 악플을 달까? 사실, 우리가 그들을 이해하지 못하는 게 당연합니다. 애초에 댓글을 다는 '목적' 자체가 평범한 사람들과는 다르니까요.

악플러

왜 악플을 다는 걸까?
악플은 공감이나 호응을 얻으려고 쓰는 것이 아니다

사도-마도히즘(sado-masochism)
폭력적이고 외설적인 말을 하여 불쾌감을 조성하고,
그 뒤로 돌아오는 비난을 통해 쾌락을 느낀다

어째서 비난을 받는데 쾌락을 느끼는가?

사도-마도히즘(sado-masochism)이라는 용어가 있습니다. '폭력적이고 외설적인 말을 하여 불쾌감을 일부러 조성하고, 그 뒤로 돌아오는 비난을 통해 쾌락을 느끼는 행위'죠. 별도의 용어가 생겨났다는 건 이러한 사람들이 한둘이 아니라는 의미겠죠? 그렇다면 어째서 악플러는 자신에게 되돌아오는 비난을 보며 '쾌감'을 느끼게 되는 건가요?

욕을 먹는데 웃고 있다?

- 비난을 하게 만들었다
- 감정을 격하게 만들었다

내가 이 사람을 지배했다

아주 원초적이고 자극적인 만족

지배의 가장 큰 특징은 무엇인가?

악플을 달고 비난을 받았는데, 악플러의 표정이 참 좋아 보이죠? 사실, 다른 사람을 지배하고 조종하고 싶은 마음은 인간의 원초적인 욕구 중 하나입니다. 인간의 본성이 평등한 세상만을 원했다면, 그 기나긴 역사 동안 계급 사회는 태어나지 않았겠죠.

악플러는 '내가 타인의 감정을 변하게 만들었다'는 데서 '타인을 지배했다'는 결론을 얻습니다. '변화=지배'라고 생각한 것이죠. '비난'이라는 행위는 마음이 평온한 상태에서는 나올 수 없죠? 내 마음이 진탕되고 악플러를 향한 감정이 들끓었을 때 나오는 행동입니다. 악플러는 평온한 네티즌의 마음이 흔들리는 걸 보면서(변화하는 걸 보면서) 지배 욕구를 충족시키는 것입니다.

지배는 변화다

가만히 있는 사람을 내버려 두는 것은 지배인가?
가만히 있는 사람을 흥분하게 만드는 것이 지배이다

→

악플 → 비난 = 평온한 상태에서 감정적인 태도로 변화
= 나는 타인의 감정을 지배할 수 있다

앞서 저는 '변·지·영(변화=지배=영향력)'이라는 공식을 소개해 드렸습니다. 여러분, 민트초코 좋아하시나요? '민초단'이라는 말이 생길 만큼 호불호가 강하게 나뉘는 맛이 민트초코인데요. 이것을 가지고 '지배'에 대해 이야기해 보겠습니다.

평소에 민트초코를 좋아하는 사람이 있습니다. 그 사람에게 제가 민트초코를 먹였습니다. 이것을 '지배'라고 할 수 있을까요? 대부분의 독자분들은 고개를 가로저을 겁니다. 그 사람이 좋아하는 걸 주는데 왜? 라고 생각하시겠죠.

반대로 이번에는 민트초코를 혐오하는 사람에게 민트초코를 강제로 먹인다고 가정해 보겠습니다. 이 경우, 저는 이 사람을 지배했다고 말할 수 있을까요? 이번에는 왠지 그럴듯해 보입니다. 평소에 민초를 먹지 않는 사람이 강제로 먹도록 '변화'시켰으니까요.

조금 전에 거론했던 '악플러' 또한 마찬가지입니다. 네티즌이 악플러의 악플을 보고도 아무런 반응을 보이지 않는다면, 악플러는 실망할 것입니다. 자신의 악플이 네티즌에게 아무런 심적 '변화'를 일으키지 못했으니까요. 괜히 '악플에는 무관심이 답'이라는 말이 나오는 게 아니죠?

이렇듯 가만히 있는 사람을 계속 가만히 두는 건 '지배'라고 할 수 없습니다. 가만히 있는 사람을 방방 뛰게 변화시키는 것. 그것이 훨씬 더 '지배'에 가까운 것이죠.

2 인플루언서

이번에는 인플루언서에 대해 말해 보겠습니다. 인플루언서라는 단어 자체가 '영향력'이라는 뜻을 가지고 있습니다. 여기서 주목해야 할 점은 '자극'입니다.

인플루언서를 팔로우한 수많은 팔로워들은 광고 제품 소개 콘텐츠를 보며 마음이 '변화'하게 됩니다. 홈쇼핑 방송을 한번 생각해 볼까요? 처음에 방송을 접할 때만 해도 딱히 나한테 필요가 없는 제품 같은데, 쇼 호스트의 이야기를 계속 듣다 보면 나에게 딱 맞는, 안성맞춤인 제품으로 느껴지게 되는 경험. 누구나 한번쯤 겪어 봄직한 일이죠!

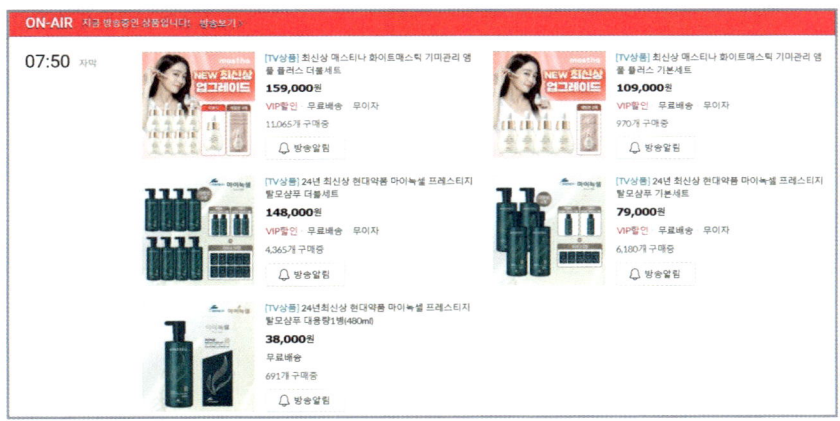

GS홈쇼핑 라이브방송 편성표 ⓒGS홈쇼핑

그렇게 인플루언서나 쇼 호스트는 팔로워와 시청자들의 마음을 '변화'시키려 합니다. 가만히 있는 몸을 일으켜 구매 버튼을 누르도록 변화시키는 것이죠!

자, 그럼 한번 이렇게 말해 보겠습니다. 물건을 구입한 팔로워는 인플루언서에게 지배당한 것이다. 그럴듯한가요?

인플루언서(Influencer)

influcence (영향력)+er	영향력을 행사하는 사람
인플루언서 마케팅 효과	인플루언서의 언박싱 영상 등을 통해 친한 친구가 자신에게 설명해 주는 듯한 느낌을 받고 구매 욕구를 자극하는 효과
	팔로워들에게 구매 버튼을 누르도록 변화시키는 행위

3 오지배

저는 야구를 좋아해서 벌써 야구 소설만 세 작품을 썼습니다. 그만큼 인터넷에 떠도는 야구 밈이나 별명도 어느 정도 알고 있는 편인데요! 자료 화면의 LG 트윈스 오지환 선수는 굉장히 야구를 잘하는 훌륭한 선수입니다. 국가대표에 나가서 활약도 하고, 팀을 우승으로 이끌고, 백억 단위가 넘는 계약을 체결하기도 했죠. 그런데 여러분, 아직 오지환 선수의 기량이 최고조에 이르지 많은 시절에, 그러니까 지금에 비해 실수를 좀 더 많이 하던 시절에 이 선수의 별명이 뭐였는지 아시나요? 바로 '오지배'였습니다.

오지배라는 별명은 기사에 나올 정도로 유명한데요, 선수의 이름과 '지배'를 합쳐 만들어졌습니다. 기사에는 '경기를 좋은 의미든 나쁜 의미든 지배해서' 붙여졌다고 되어 있는데요, 실제 오지환 선수는 수비수들 중에서 가장 중요한 유격수 포지션을 담당합니다. 자신의 활약 여하에 따라 경기가 오락가락할 수 있는 위치죠. 실제로 오지환 선수의 플레이로 인해 하루에도 몇 번씩 승부의 추가 바뀌곤 했습니다. 이기는 경기를 지는 경기로 '바꾸고', 지는 경기를 이기는 경기로 '바꾼다'. 그래서 별명이 오지배입니다. 언급드렸던 '변·지·영(변화=지배=영향력)' 공식이 여기서도 적용되는 걸 확인하실 수 있습니다!

오지배

© '리얼타임 연예스포츠 속보, 스타의 모든 것' 스타뉴스

- 많은 실책으로 하이라이트를 찍으며 경기를 좋은 의미든 나쁜 의미든 **지배**한다는 뜻에서 오지배(오지환+지배)라는 별명으로도 불렸다.
- 유격수는 가장 중요한 수비 포지션.
- 이기는 경기를 지는 경기로 **바꾸고** 지는 경기를 이기는 경기로 **바꾼다**. 그래서 **지배**.

4 나 전달법

> **나 전달법(I-message)**
>
> 나 전달법은 상대의 행동에 대해 이야기할 때 '나(I)'를 주어로 해서 말하는 방식으로 자신이 느끼는 생각이나 느낌을 부드럽게 표현하는 방법입니다. 상대방에게 나를 더 잘 알릴 수 있게 되어 결과적으로 상대방으로 하여금 그들의 마음을 정직하게 열 수 있도록 용기를 줍니다.

여러분, 혹시 '나 전달법'이라는 화법을 들어 보신 적 있으신가요? 상대가 아닌 '나'를 주어로 말하는 방식을 이야기하는데요, 이 대화법이 더 상대의 마음을 울리는 이유는 무엇일까요?

나 전달법이 효과적인 이유

너 전달법	나 전달법
"너는 왜 맨날 그딴 식으로 말하냐?"	네가 그렇게 "말하니까 내 마음이 너무 아파ㅠㅠ" = 당신이 하는 말이 내게 이런 영향을 미치고 있다.

→ 영향력(= 변화 = 지배)

마음을 울릴 수밖에 없는 말하기 방식

두 문장을 보면 차이가 극명합니다. 핵심은 '네가 나에게 이런 변화(영향력)을 끼치고 있다'를 드러내는 것입니다. 네가 하는 말이 나에게 이러한 변화를 주고 있다, 이러한 영향력을 주고 있다는 것을 전달하는 순간, 상대방은 조금 더 나에게 신경을 쓸 수밖에 없는 것이죠.

5 산 채로 데려와라

"저 놈을 꼭 산 채로 데려와라!"

드라마나 웹툰의 악역이 자주 하는 대사죠. 저는 어렸을 때부터 저 대사를 들을 때마다 이해가 가지 않았어요. '아니, 저렇게 싫어하면 그냥 사람 시켜서 죽이라고 하던가, 목만 가져오라고 하면 되지. 왜 굳이 산 채로 데려오라고 하는 거야?' 라고 말이죠.

실제로 괜히 산 채로 데려왔다가 주인공이 탈출하는 빌미만 제공하고 그러죠? 저는 그런 빌런들이 정말 이해가 가지 않았습니다. 하지만 이제는 악당들이 왜 그런 말을 하는지 알 것 같습니다.

> ### 저 놈을 꼭 산 채로 데려와라!
>
> 소설만이 아니라 다양한 미디어에서 볼 수 있는 대사
>
> "내가 직접 놈의 숨통을 끊을 것이다."
>
> 그냥 목만 가져오라고 하지 않는 이유는?
>
> 인간은 타인에게 영향력을 행사하기를 원한다
> 간접적인 영향보다는 직접적인 영향력을 선호한다
>
> **사람에게 할 수 있는 가장 확실한 영향력(변화)은 무엇일까?**

여러분, 인간이 인간에게 끼칠 수 있는 가장 큰 영향력(변화)은 무엇일까요? 그건 바로 '살아 있는 대상을 죽은 상태로 변화시키는 것'일 겁니다. 그리고 인간은 대상을 향한 갈망이 클수록 간접적인 영향(사람을 시킴)보다는 직접적 영향을 끼치기를 선호합니다. 결론적으로 '저 놈의 숨통을 내가 직접 끊겠다'는, 저 놈에게 내가 가장 강력한 영향력(변화)을 직접 실행하겠다, 라는 말과 똑같다는 뜻이죠. 여기서도 '변·지·영'의 공식이 성립하는 겁니다.

남성향 소설에서는 흔히 성장과 보상, 영향력이 중요하다고 합니다. 성장과 보상은 이해하기 쉽지만 영향력은 조금 어려운 개념이죠? 이번 챕터는 그 영향력이 무엇이고, 그것을 드러내기 위해서는 어떻게 해야 하는지 알아보는 시간이었습니다. 결론적으로 영향력을 드러내기 위해서는, 주인공이 타인을 지배하는 모습을 보여주기 위해서는 '변화'를 보여 주어야 합니다.

> ### 성장과 보상, 그리고…
>
> **남성향 웹소설에서 가장 중요한 것** — 성장, 보상, 영향력
>
> 보상이 없는 성공은 무의미
> 보상을 주더라도 영향력(변화)이 없으면 맛이 없음

파혼을 요구할 만큼 경멸했던 약혼녀가
돌연 결혼을 하자고 돌아선다던가,
주인공에게 실망하고 무시했던 아버지가
마침내 인정하고 후원해 준다던가,
오디션 현장에서 별 관심 없던 주인공을
서로 데려가기 위해 싸운다던가,
주인공을 저평가하던 등장인물들이
주인공의 활약에 칭찬을 쏟아낸다던가.

이러한 모든 과정들은 주인공이 주변을 변화시키고, 영향력을 끼쳤으며, 마침내 지배했다는 느낌을 주게 됩니다. 수많은 등장인물들이 주인공을 칭찬하고 칭찬하고 칭찬하는 이유가 다 여기에 나와 있는 것이죠.

'영향력'은 비단 남성향 소설에서만 적용되는 것이 아닙니다. 이런 말은 조금 낯부끄럽지만, '사랑'은 인간이 가진 가장 강력한 감정이잖아요?
여주를 버리고 후회, 피폐, 집착을 하는 남주들은 태어날 때부터 감정이 불안정했을까요? 아닙니다. 여주를 버리고 난 뒤 뒤늦게 소중함을 깨닫고 마음이 불안정한 상태로 '변화'한 것이죠. 여주를 버리고 난 뒤에도 마음이

평온하다면? 소설의 성립이 불가능한 전개가 되었을 겁니다. 아래 나와 있는 다양한 변화들 역시 '변·지·영(변화=지배=영향력)'의 공식이 성립하는 걸 알 수 있습니다.

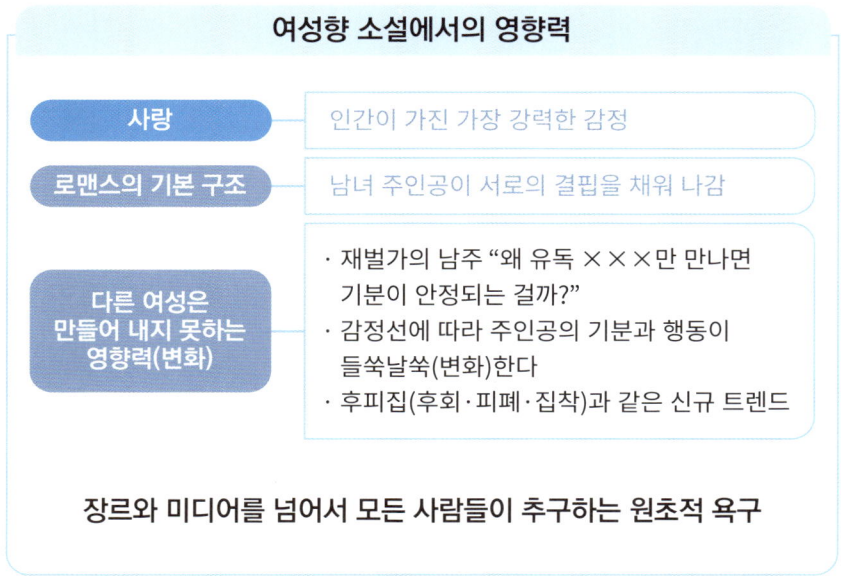

자, 어떤가요? 영향력(변·지·영)과 관련한 지금까지의 여정이 그럴듯해 보였나요? 어떤 식으로든 타인의 상태를 변화시키고 싶은 욕구. 그것은 비단 웹소설뿐만 아니라 현실 어디서나 볼 수 있는 현상이라고 생각합니다!

4. GAP(갭)

이번 챕터는 GAP에 관해 설명하겠습니다. GAP의 사전적 의미는 '틈'이나 '공간'등을 의미하는데요, 어떤 대상과 차이가 나는 무언가를 지칭합니다.
GAP은 웹소설에서 어떤 역할을 부여할까요?

본격적으로 내용에 들어가기에 앞서, 개념을 정립할 필요가 있습니다.
'예외성 = 인간다움' 이라는 공식인데요! 이게 무슨 소린가 싶으시죠? 지금부터 이 공식에 대하여 설명해 볼까 합니다.

규격화 인간은 스스로를 규격화하려는 본성이 있다.

'인간은 스스로를 규격화하려는 본성이 있다.'
동의하시나요? 머리를 갸웃하다가도 다음의 세 이미지를 보면 고개를 끄덕이실 겁니다.
너무나도 유명한 '혈액형별 성격 분류', 이제는 완전히 대세로 자리잡은

'MBTI', 그리고 예전부터 전해져 내려오는 '관상'까지. 이러한 규격화는 시대와 분류 방법에 따라 형태는 달리하지만, 어디서나 찾아볼 수 있습니다. 살면서 수많은 사람을 상대하기 때문에 자체적으로 간편화 작업을 수행하는 게 아닐까 생각하는데요.

자, 여러분께 질문을 던지겠습니다. 100명의 사람을 무작위로 골라 성격을 분석한다고 해 볼게요. 100명 중에서 성격이나 인간성이 완전히 일치하는 사람이 있을까요?

모든 분이 'NO'라는 대답을 하실 겁니다. 천 명, 만 명으로 늘리더라도 완벽하게 성격이 일치하는 사람은 없을 겁니다. 만 명의 인간이 있으면 만 개의 성격이 있는 것이죠.

하지만 그럼에도 불구하고 인간은 타인을 규격화하려고 합니다. 참 신기하죠? 완전히 똑같은 사람은 없다는 걸 스스로도 알고 있는데 말입니다!

규격화는 일종의 '선입견'과도 같습니다. 선입견은 어떤 대상에 대하여

GAP은 어떻게 사용하는가

GAP의 필요성	규격화된 선입견을 부수기 위해서 (선입견 : 데이터로 규격화된 색안경, 편견)
사용 방법	'당연히 그럴 것 같은', '보통은 이럴 것 같은'을 깨뜨림
사용 영역	캐릭터, 세계관, 인물간의 관계 등에서 다양하게 사용 가능

이미 마음속에 가지고 있는 고정적인 관념이나 관점이지요. 우리가 흔히 이야기하는 '빅 데이터'를 통해 '혈액형이 O형인 사람은 대인 관계가 원만하더라'라는 선입견을 만들어 내는 것이죠.

하지만 여러분, O형을 가진 사람들은 전부 다 대인 관계가 원만할까요? 절대로 그렇지 않습니다. 왜냐하면, O형 안에도 수많은 예외성이 존재하기 때문입니다. 혈액형에 따라 모든 인간이 네 종류의 성격만 가지고 있다면, 이 세상은 로봇들이 사는 것과 그리 다르지 않을 겁니다.

한 명 한 명의 인간 개개인이 각자의 고유한 성격을 가지고 있기 때문에 사회가 다채롭고 다양성을 띠는 것이죠! 저마다의 인간이 가지고 있는, 틀 안에 가둘 수 없는 '예외성'이야말로 가장 인간다운 특성인 것입니다. 그래서 '예외성=인간다움'이라는 공식이 나온 것이죠.

우리는 캐릭터와 관련해 '평면적이다' 혹은 '입체적이다'라는 표현을 씁니다. 공장에서 찍어 낸 듯 판에 박힌 행동 패턴만 보여 줄 때 우리는 캐릭터가 평면적이라고 표현합니다. 반면, 특정 상황에서 '얘가 이런 면이 있었어?'라는 예상하지 못한 의외의 모습을 보여 줄 때가 있다면 '입체적이다'라고 표현하죠.

그렇다면 현실에서 살아가는 사람들은 평면적일까요 입체적일까요? 당연히 입체적일 겁니다. 같은 O형이라도 때에 따라 예민하거나 싸움을 일삼는 사람들이 있을 테니까요!

캐릭터에서의 GAP 사용법 1

조직폭력배 행동대장　　근육으로 뒤덮인 몸
거대한 체구　　　　　　전신 문신
숨막히는 인상　　　　　거친 성격, 욕설

위의 이미지를 보겠습니다. 어떤 느낌을 받으시는지요? 제가 만든 캐릭터는 이렇습니다.

근육으로 뒤덮인 거구에 온몸을 덮은 문신, 무서운 인상에 입만 열면 욕설을 뱉는 사람. 차를 늦게 빼는 걸 아주 싫어하고요. 직업은 사채업자입니다. 마치 영화 〈이웃사람〉의 마동석 배우님처럼요.

그러면, 질문을 하나 드려 보겠습니다. 이 인물이 개성 있는 캐릭터인가요? 대부분의 사람들이 고개를 끄덕일 겁니다.

이번에는 다른 질문을 드려 보겠습니다. 이 인물은 '입체적인' 캐릭터인가요?

이번에는 아니라고 고개를 가로저으실 겁니다. 사채업자 캐릭터에 나온 수많은 특성들이 하나같이 '같은 방향'을 가리키고 있으니까요. 우리가 GAP이라 표현할 수 있는 예외성이 보이지 않는다는 겁니다. 카리스마 넘치고 개성이 있지만, 캐릭터 자체가 입체감이 있다고 보기에는 무리가 있습니다.

하지만, 이 사채업자에게 다음과 같은 설정을 한 스푼 추가해 보면 어떨까요?

  그런데 고양이 집사
고양이 아프면 오열

　어떻습니까? 그렇게 무섭던 사채업자 아저씨가 집 문을 열고 들어가면 고양이 집사였던 겁니다! 여기서 우리는 사채업자라는 캐릭터에 '예외성'이 추가된 것을 알 수 있습니다. 모두가 한 방향을 가리켰던 문신, 근육, 욕설, 폭력(깡패 이미지)과 달리, '고양이 집사'는 분명히 다른 방향(귀여운 이미지)을 가리키고 있으니까요. 틀에 박힌, 정형화된 캐릭터는 개성이 있을지언정 '예외성'이 부족하고, 이는 실제 사람들이 가지고 있는 인간다움과 거리를 두게 합니다. 그저 작품 안에서 하나의 캐릭터로만 존재하는 것이죠.
　결론적으로, 기존의 정형화된 캐릭터에 GAP을 추가한다면 실제로 살아 숨 쉬는 인간과도 같은 느낌을 줄 수 있습니다.

　GAP을 사용하면 캐릭터를 살아 숨 쉬게 만든다고 말씀드렸는데요, 이번에는 조선 말 양반 집안의 규수로 만든 캐릭터로 예를 들어 보겠습니다.

캐릭터에서의 GAP 사용법 2

양반 집안의 규수　VS　조국 독립을 위한 암살자

　우리가 일반적으로 생각하는 부잣집 규수는 어떤가요? 고상하고, 행동은 차분하고, 얌전하고, 가마를 이용하거나 걸어다니기만 하고, 집안 어른의 말을 고분고분 잘 따를 것이라는 생각이 들죠? 하지만 이 캐릭터는 엄청난 반전을 선사합니다. 바로 암살자인 것이지요.

네, 그렇습니다. 제가 너무나도 사랑한 드라마, 〈미스터 선샤인〉입니다. 정말이지 매력이 한두 개가 아닌 드라마인데요, 다 제쳐 두고 저는 여주인공의 캐릭터 설정부터 빠져 버리고 말았습니다.

조금전 우리가 입체적인 캐릭터를 언급하면서 어떤 말을 했죠? '아니, 저 사람에게 저런 면이 있었어?'라고 했죠? 이 말을 미스터 선샤인의 여주에게도 동일하게 적용할 수가 있습니다. 우리가 일반적으로 이러하리라고 생각했던 '규격화'에 예외성을 끼얹으면서 캐릭터를 살아 숨 쉬게 만든 것이죠.

왼쪽 이미지를 먼저 보실까요? 근육으로 다져진 단단한 몸. 자신감 넘치는 포즈. 누가 봐도 남자답고 당당한 포스를 품어내지요? 그러나 오른쪽 그림이 이 캐릭터의 실제 모습입니다. 실은 겁이 많고 싸움도 싫어합니다. 주변 사람들이 겉모습만 보고 착각했을 뿐이지요.

유명한 만화, 〈원펀맨〉의 캐릭터 '킹'이 대표적인 예입니다. 킹은 이름부터가 '킹'입니다. 키도 크고, 체구도 아주 당당하죠. 하지만 말이죠, 사실 킹은 '최강'과는 거리가 먼 캐릭터입니다. 사람들이 그저 이름과 겉모습만으로 착각했던 것뿐이죠. 실제의 킹은 싸움을 무서워하고 겁이 아주 많은 캐릭터입니다.

여기서 한 가지 짚고 넘어가 보겠습니다. 여러분, 만약 이 킹이 실제로 '최강'이었다면 어땠을까요. 지금만큼 독자들이 '킹'을 좋아해 주고 재미있어 해 줬을까요? 카리스마 넘치는 외모의 '킹'이 실제로 싸움을 잘했다면 아주 전형적인 캐릭터가 되었을 겁니다. 모두가 최강이라고 부르는 킹이 사실 싸움을 무서워하는 '겁쟁이'였다는 GAP을 추가했기 때문에 캐릭터가 살아 숨 쉬고 독자들이 더 좋아해 주는 것이죠.

> **GAP을 쓰는 이유**
>
> 1. 캐릭터에 생동감을 부여
> 2. 규격화된 캐릭터에 변주를 더함
> 3. 외모, 말투, 행동의 불일치로 의외성을 줌

정리해 보겠습니다. 인간은 저마다 고유한 성격이 있고, 각자가 가지는 예외성이 인간다움을 드러냅니다. 평면적이고 전형적인 캐릭터는 살아 숨 쉬는 느낌을 주지 못하고, 상황에 따라 예외성을 보여 주는 캐릭터는 입체적으로 보입니다. 혈액형, 관상, MBTI, 전형적인 악역 캐릭터 등, 이렇게 규격화된 캐릭터에 반전 한 스푼을 더하는 것. 그것이 바로 GAP의 활용입니다. GAP으로 예외성을 한 스푼 갖춘 캐릭터는 실제로 존재하는 인간처럼 작품 안에서 살아 숨 쉴 겁니다.

  마지막으로, 아래는 전형적인 캐릭터에 GAP을 사용한 예시입니다. 이제는 캐릭터를 조형할 때 GAP을 어떻게 사용해야 할지, 감이 오실 겁니다!

GAP 응용해 보기

태산처럼 커다란 체구에 딱딱한 근육의 상남자 ➡ **싸움을 무서워함**

날카로운 눈매와 뾰족한 턱, 마른 체형 ➡ **엄청난 대식가**

말수가 적고 출신이 불분명한 실눈 캐릭터 ➡ **거짓말을 못 하는 솔직왕**

얼굴에 기름기가 가득하고 배가 나온 국회의원 ➡ **청렴 그 자체**

금발 양아치 문신 태닝남 ➡ **선하고 지고지순한 순정남**

사람들의 칭송을 받는 아름다운 힐러나 성녀 ➡ **자해가 취미**

커다란 저택에 사는 재벌가의 외손녀 ➡ **라면을 제일 좋아함**

온몸이 근육 갑옷인 거한 ➡ **지능캐**

터프하고 잘생긴 얼굴에 랭킹 1위의 초인기 헌터 ➡ **마마보이**

🔍 5. 착각

이번 챕터에서 다룰 내용은 '착각'입니다. 글을 쓰는 작가의 입장에서 미처 깨닫지 못한 사실에 대해 이야기할 텐데요! 이번 챕터를 읽으시면서, 혹시나 나도 비슷한 착각을 하고 있지는 않은지 점검해 보시면 좋을 것 같습니다.

첫 번째는 '손주이론'입니다.

손주이론
공공장소에 나타난 할머니와 손자
손주
고집부리면서 시끄럽게 보채고 칭얼거린다

할머니	3자(다른 행인들)
더없이 사랑스럽고 자애로운 시선	?

그 어디에서도 찾아볼 수 없는 저만의 이론인데요, 이 손주이론은 뒤에 안내드릴 '주인공의 매력'과도 밀접한 연관을 가집니다. 여러분, 손주와 할머니가 함께 공공장소에 나타나는 장면을 상상해 보시죠. 식당, 카페, 지하철 그 어디든 상관없습니다. 이 손주가 기분이 나쁜지, 사방팔방 소리를 꽥꽥 지릅니다. 주변에 있는 사람들이 불편한지 헛기침을 하거나 눈살을 찌푸리는군요. 할머니는 손주에게 가만히 있으라며 제지를 합니다.

그런데 여러분, 이 상황에서 손주를 향한 할머니의 마음은 어떨까요? 손주를 혐오하거나 적개심을 가지게 될까요?

전혀 그렇지 않습니다. 눈에 넣어도 안 아플 내 손주, 내 새끼인데, 싫어한다는 감정을 가질 리 만무하죠. 설령 잠깐 통제가 되지 않더라도 손주를 사랑하는 마음은 변하지 않습니다.

반면, 이제 공공장소에 함께 있는 제 3자의 마음은 어떨까요? 할머니에게는 귀하고 사랑스러운 내 손주이지만, 지나가는 사람에게는 그저 말 안 듣는 꼬맹이일 뿐입니다. 할머니가 밉상 짓을 하는 손주를 앞에 세워 둔 채 '제 손주 정말 사랑스럽죠?', '제 손주를 잘 지켜봐 주세요'라고 이야기를 해 봐야, 제 3자의 입장에서는 그저 공공장소에서 소란을 피우는 밉살맞은 꼬마 아이인 겁니다.

자, 이렇게 할머니의 입장에서 '손주'는 무슨 짓을 하건 사랑스럽기만 한 존재인데요, 놀랍게도 웹소설 안에서도 이러한 구도가 존재합니다.

이 구도를 소설에 대입해 볼까요? '작가'의 입장에서 '주인공'을 응원하고 지켜보는 건 당연한 일입니다. 내 소설의 주인공이니까요. 주인공이 무슨 짓을 하건, 어떠한 상태에 놓이건 작가는 주인공을 붙들고 있을 수밖에 없습니다. 작가가 주인공을 포기한다는 건 곧 작품을 포기한다는 의미가 되겠죠.

반면, 독자들은 어떨까요? 작가에게는 하나뿐인 소중한 주인공이겠지만, 독자들에게는 지천에 널려 있는 작품들의 한 주인공일 뿐입니다. 독자들에게는 해당 주인공을 예쁘고 사랑스러워해 줄 어떠한 당위성도 없습니다. 독자들의 입장에서는 조금만 눈을 돌려도 다른 주인공들이 수북하게 쌓여 있습니다. 비호감으로 느껴지면 굳이 붙들고 볼 이유가 없는 것이죠. 작가의 입장에서는 주인공이 비호감 행동을 해도 모두 용서가 되고 응원해 주겠지만, 독자들에게는 전혀 아니라는 겁니다. '어떠한 행동을 해도 예뻐해 주는'게 아니라, '예쁜 짓을 해야 예뻐해 주는' 입장이라는 겁니다.

이 차이가 대단히 크다는 걸 여러분들은 명심하셔야 합니다!

두 관계를 요약해 보면 다음과 같습니다.

내 눈에 주인공이 예뻐 보이기 때문에 다른 사람들의 눈에도 예뻐 보일 것이라는 착각. 언제나 독자들이 주인공을 응원해 줄 것이라는 착각. 그것을 경계하는 것이 바로 '손주이론'입니다.

여러분. '어렵고 힘든 상황이 닥치면 그 사람의 본성이 나온다'는 말 들어 보셨나요?

일반적으로 웹소설 주인공들은 초반에 고초를 겪습니다. 사업에 실패하거나 누군가에게 죽임을 당하고, 토사구팽을 당하기도 하며, 사랑하는 연인에게 버려지기도 하죠? '회빙환'등 중대한 변곡점이 생기기 전까지 주인공은 주로 당하는 입장이 됩니다. 당연히 주인공에게 사이다 같은 활약을 기대할 수 없죠. 그렇기 때문에 주인공의 매력(호감)을 보여 주지 않으면, 독자들로서는 초반부 주인공을 응원할 만한 이유가 없어지는 겁니다. 주인공이 절대적인 능력을 얻기 전, 독자들로부터 응원을 받는 상태가 되려면 주인공의 매력이 드러나야 합니다.

그렇다면 어떻게 주인공들을 매력적으로 만들 것인가? 에 대해서는 다음 챕터에서 말씀드리겠습니다!

부산 콘텐츠 코리아 랩의 강연 장면

주인공의 개성과 관련한 수업을 할 때의 에피소드입니다. 저는 수강생들께 스쳐 지나가는 평범한 사람이 아니라 특별한 개성을 가진 주인공을 조형해야 한다고 말씀을 드렸습니다. 그랬더니 아뿔싸, 어떤 분께서 교실에서 담배를 피우고, 선생님과 한판 붙어 보려는 캐릭터를 들고 온 겁니다. 개성을 강조하기 위한 전개인데요, 그때 저는 이 '착각'에 대해서 한 번 더 생각하게 되었습니다.

분명히 말씀드리지만 '개성이 있는 것'과 '주인공이 비호감'인 것은 완전히 다른 이야기입니다. 남들과 다른 특별함은 '호감의 영역' 안에서 이루어져야 합니다. 수강생의 입장에서는 내 작품의 주인공이니 교실에서 담배를 피우건 교장에게 펀치를 날리건 아무 상관이 없겠죠. 내 손주처럼 무지성으로 밀어 줘야 하는 대상이니까요. 우리는 이러한 '착각'에서 벗어나 객관적인 시선으로 주인공을 바라보아야 합니다. '제 3자 입장에서 주인공은 응원하고 싶은 캐릭터인가?', '주인공이 독자들을 향해 예쁜 짓을 하고 있는가?' 내가 주인공을 손주처럼 바라보고 있지는 않은지, 습관적으로 체크해 보셔야 합니다!

이번에는 소재와 떡밥에 대한 착각입니다. 먼저 소재부터 말씀을 드려 볼게요!

수업을 하다 보면 수강생분들이 다양한 콘텐츠에서 영감을 받아 오시는 것을 알 수 있습니다. 웹툰이나 애니메이션, 혹은 넷플릭스를 비롯한 OTT 드라마 등등…. 소재를 이야기하는 수강생분들은 언제나 눈이 반짝반짝 빛이 납니다. 하지만 애석하게도 대부분은 웹소설로 만들어지지 못합니다.

가장 큰 이유는 '콘텐츠마다 이용자들이 원하는 기호(테이스트)가 다르기 때문'입니다. 예를 들어 학원물이 인기인 웹툰과는 달리, 웹소설에서는 학원물이라는 소재를 보기가 힘듭니다. 이것은 콘텐츠를 이용하는 고객들의 연령, 그리고 기호가 다르기 때문입니다. 또한 주인공이 시련을 겪는 '고구마' 장면을 보면, 웹소설에서는 절대 용납하지 못할 시련이 웹툰에서는 꽤나 자주 나오는 편입니다.

소재의 착각

- 나만 웃는 소재인가? 모두가 함께 웃는 소재인가?
- 이 콘텐츠에서 용인되는 유형인가?
- 퓨전, 밈, 각종 유행어가 손익 분기점을 넘을 수 있는 소재인가?

이렇듯 동일한 웹 콘텐츠인 웹툰과 웹소설 안에서도 기호가 갈리는데, 다른 분야의 콘텐츠는 말할 것도 없겠죠? '저쪽 동네(애니메이션 등)에서 흥했다고 우리 동네(웹소설)에서도 통할 것이라는 착각'. 이것이 바로 소재와 관련한 착각이 되겠습니다. 가장 좋은 방법은 같은 웹소설, 같은 장르 안에서 영감을 받아 새로운 작품을 기획하는 것이겠지만, 항상 그럴 수는 없는 노릇이니 아래와 같은 단계를 밟아야 합니다.

여러분. 손익 분기점이라는 말을 들어 보셨나요? 어떤 사업을 영위할 때, 이득인지 손해인지를 판가름하는 기준점 중 하나를 말합니다. 여러분들이 소재를 생각하실 때에도 웹소설의 '손익 분기점'을 계산하셔야 하는데요, 방법은 아주 간단합니다.

다른 콘텐츠에서 흥했던 소재를 가져왔을 때,
어떤 장르를 퓨전했을 때,
어떤 밈을 사용했을 때,
어떤 유행어를 사용했을 때,

독자들의 유입이 많을 것인가? vs 떠나는 독자들이 더 많을 것인가?

이것을 객관적으로 판단하는 것이 바로 '웹소설의 손익 분기점'입니다.
어려운 일입니다. 내가 흥미를 가지고 재미를 느낀 소재는 남들이 봐도 재밌어해 줄 것 같거든요. 그러나 우리는 이미 손익 분기점을 낼 수 있는 정확한 수단을 가지고 있습니다. 바로 '랭킹'인데요, 각 플랫폼에 내가 생각한 장르, 내가 생각한 소재와 비슷한 맛이 나는 작품이 있는지 살펴 보는 겁니다. 동일하지 않아도 구조나 형태가 비슷한 작품이 있다면 괜찮지만, 자신이 구상한 아이템과 비슷해 보이는 게 단 하나도 보이지 않는다? 이러면 손익 분기점을 넘지 못하는(독자의 유입보다 이탈이 더 많은) 소재가 되는 것이죠.

예를 들어 넷플릭스에서 '지우학'을 너무나도 재밌게 봤다고 칩시다. 그 내용과 비슷한 전개를 그대로 웹소설로 만들어 본다면 과연 성공할 수 있을까요? 웹소설 현대 판타지 랭킹에는 고등학생 이야기도 드물고, 좀비가 나오는 소재도 드물며, 시종일관 도망만 다니는 전개도 보기 힘듭니다. 소위 '손익 분기점'을 넘지 못한다는 이야기죠.

다른 콘텐츠에서 재미있는 소재라 해서 웹소설에서도 재미있을 거라는 착각. 이제는 벗어나실 수 있겠죠?

다음은 떡밥과 관련된 착각입니다. 이 부분은 좀 짧으면서도 어떻게 보면 슬픈 이야기인데요! 작가들은 떡밥(복선)을 사용하는 걸 선호합니다. 잘 만든 복선과 떡밥은 독자들에게 깊은 감명을 주고, 작품의 퀄리티를 올리는 수단도 되거든요. 보통 '세계관과 설정이 방대하거나, 치밀한 인물 관계를 선호하는' 수강생분들이 좋아하시더군요.

하지만 여러분. 이 '떡밥'은 구조적으로 어떻습니까. 떡밥을 내놓는다면 반드시 '회수'라는 과정을 거쳐야 합니다. 뭔가 있어 보이게 대사를 쳐 놓았는데 뒤에 가서 아무것도 남지 않는다면 독자들은 실망과 황당함을 느끼겠죠? 문제는 이 과정 속에서 독자들이 계속해서 읽어 줄 것이라는 '착각'이 발생한다는 겁니다.

떡밥의 착각

- 독자가 계속해서 읽어 줄 것인가?
- 뒤에 나오는 이야기라고 설득할 수 있을 것인가?
- 회수할 때까지 독자가 하차하지 않고 남을 것인가?

앞서 제가 말씀드린 '손주이론'과 비슷한 개념입니다. 작가는 자신의 작품이니 당연히 떡밥을 회수할 때까지 작품과 함께합니다. 하지만 독자들은? 이 작품이 마음에 들지 않는다면 언제든지 하차(읽기를 중단함)할 선택권이 있습니다. 내가 아무리 멋진 떡밥을 만들어서 그 떡밥을 50화 뒤에 회수한다고 하더라도, 독자들이 50화가 흐를 때까지 남아 있지 않는다면 그 명품 떡밥은 빛을 잃고 마는 것이지요.

수업을 하면서 수강생분들의 작품을 피드백하다 보면 무언가 불투명하고 가려진 대사, 혹은 전개가 나타납니다. 그래서 해당 장면에 대해 질문하면 정말 놀랍게도 대부분 같은 대답을 하십니다. '아, 이거 뒤에 나오는데요, 이게 뭐냐면…'

저는 한 명의 작가이지만, 한편으로는 수강생분들에게 꿈과 희망을 줘야 하는 강사이기도 합니다. 그래서 '과연 그 뒤까지 독자들이 읽어 줄까?'라는 말은 차마 하기 힘듭니다. 하지만 그래도 해야 합니다. 우리가 출판사에 투고할 때는 적으면 5화 분량을 작성합니다. 하지만 그것도 출판사 편집자분들이 직업의식을 가지고 끝까지 읽어 주시기에 그런 것이지, 독자들은 얼마든지 1, 2화 만에 하차할 수 있습니다. 그런 상황에서 여기저기 떡밥만 남발하고 회수는 하나도 하지 않은 채 전개가 이어진다면 어떨까요?

작가는 '착각'에서 벗어나야 합니다. 독자들이 떡밥을 회수할 때까지 계속 읽어 준다는 보장은, 안타깝지만 그 어디에도 없습니다. 작품 초반부부터 명확히 드러나는 재미를 보여 주는 편이 훨씬 가능성이 높습니다.

6. 남성향 판타지의 5대 요소

남성향 판타지의 5대 요소

1. 스타트 포인트 회귀, 빙의, 환생, 각성, 기연 등
2. 목표 의식 복수, 주도적인 삶, 정점, 힐링 등
3. 주인공의 능력 예지력 / 상태창 / 먼치킨 / 고인물 / 시너지 / 노력가 등
4. 주인공의 매력 냉철한 성격 / 중꺾마(꺾이지 않는 의지) / 한 / 카리스마 / 개그 / 광기 / 갭 / 연민 / 가족애 등
5. 패턴 활약(사이다) + 보상(기대감) + 영향력(평판, 칭찬, 두려움)

이런 상황을 가정해 보겠습니다. 만약 누군가 제게 웹소설과 관련해 딱 하나의 화면만 보여 줄 수 있다고 한다면, 저는 주저하지 않고 바로 이 화면을 가지고 강의를 할 겁니다. 그만큼 많은 것을 담고 있는, 중요한 챕터라고 할 수 있는데요!

저는 출판사에 투고할 때 위의 다섯 가지 요소가 반드시 담길 수 있도록

지도하는 편입니다. 실제로 계약을 체결한 많은 작품들은 위의 5요소가 전부 담긴 작품이 거의 대부분이기도 하고요. 위 항목들은 제가 의도적으로 만든 것이 아닙니다. 메이저 플랫폼에서 인기를 얻은 작품을 분석하다 보니 자연스럽게 추출된 공통점일 뿐입니다.

감히 말씀드리건대, 저 다섯 가지 요소를 제대로 갖춘 원고를 쓰신다면 작가로 데뷔할 확률이 기하급수적으로 올라가게 될 겁니다!

1 스타트 포인트

웹소설을 즐겨 읽는 독자분 중에 '살던 대로 살다가 별 변화 없이 끝나는' 웹소설을 선호하는 분들은 아무도 없을 겁니다. 주인공이 어떤 특별한 변화를 맞이하고, 이전과는 다른 삶을 보여 주는 것이 웹소설의 재미라고 할 수 있습니다. 그런 면에서 '스타트 포인트'는 독자들이 웹소설을 읽는 근원적인 장치입니다.

스타트 포인트는 '회빙환(회귀,빙의,환생)'을 필두로 한, 소설 초반의 '변곡점'을 말합니다. 이 중 어느 것을 사용해도 상관없습니다. 중요한 것은, 이런 장치를 통해서 과거의 삶과는 다를 것이다, 라는 기대감을 줘야 한다는 것입니다.

〈재벌집 막내아들〉을 볼까요? 별 볼 일 없는 가문에서 태어난 주인공은 출신의 한계로 높은 직위까지 도달하지 못합니다. 결국 회사에서 토사구팽당하고 비참한 최후를 맞이하죠. 그리고 재벌가의 혈통으로 회귀+빙의를 합니다. 과거로 돌아왔기에 앞으로 일어날 일들을 알고 있고, 기업의 총수가 나의 친할아버지인 상황. 전생의 삶과는 비교할 수 없는 기회를 얻게 되었죠?

만약 여기서, 주인공이 회귀+빙의를 했는데도 이전과 특별히 차이가 없는 빈곤한 집안의 아들로 태어난다면 독자들이 과연 이 작품을 사랑해 줬을까요?

또 다른 예를 들겠습니다. 무협에서 천마에게 죽임을 당한 주인공이 빙의나 환생을 했다고 가정해 보겠습니다. 그러면 보통 과거의 자신보다는 더 나은 상태(신체 조건, 무공 지식, 포텐셜)로 회빙환을 사용하는 것이 일반적입니다. 그리고 이렇게 다짐하죠. "이번 생에서는 반드시 이기고야 말겠어." 만약 주인공이 "노력이야 해 보겠지만 이번에도 이길 수 있을지는 모르겠다."라고 대사를 친다면 독자들의 기대감은 짜게 식을 것입니다.

〈슈퍼스타 천대리〉 웹툰 ⓒDo8글, 이재국 그림, 박경원 원작

2 목표 의식

두 번째는 목표 의식입니다. 주인공의 목표 의식은 '독자들이 이 소설을 읽어야 하는 이유'로 이어집니다. 목표 의식이 확고하고 뚜렷할수록 소설을 읽어야 하는 이유가 선명해지는 것이죠. 이 목표 의식은 여러 가지가 될 수 있습니다. 세계관의 최강자가 된다거나, 전생에 나를 해쳤던 인물에게 복수를 한다거나, 재벌 총수가 된다거나, 소소하게는 힐링 라이프가 될 수도 있겠죠.

주인공이 바라는 게 무엇이든, 목표 의식은 되도록 빨리 나오는 것이 좋습니다. 가장 빈번하게 나오는 타이밍은 '회빙환을 인식한 직후'입니다. 원래의 내가 아닌 다른 존재가 된 것을 완전히 자각한 뒤, 주어진 상황을 바탕으로 궁극적인 목표를 설정하는 것이죠!

팁을 하나 드리자면, '목표 의식은 중첩될수록 효과를 발휘한다'는 점입니다. 무협 세계관을 예로 들어 보겠습니다. 전생에 천마에게 당한 주인공이 새로운 몸에 빙의해서 복수를 다짐한다는 설정을 짜 볼까요? 이 과정에서 주인공의 목표 의식은 '복수'입니다.

하지만 잘 생각해 보면 이것 외에도 다른 목표를 달성하게 된다는 것을 알 수 있습니다. '천마'는 이 소설 세계관의 최강자 역할을 합니다. 만약 복수 과정에서 천마를 제압한다면 자연스레 주인공이 '세계관 최강'으로 자리하게 되겠죠? 또 천마는 언제나 그렇듯 호시탐탐 중원 침략을 노립니다. 주인공이 천마를 제압한다면 천마의 세력은 자연스럽게 중원을 습격하지 못하게 될 겁니다.

이렇게 되면 '정의로운 주인공', '세계를 구원한 주인공'이라는 목표를 달성하게 되는 것이죠. 결론적으로 '복수'라는 설정을 좋아하는 독자들, '세계관 최강'을 좋아하는 독자들, '영웅적 서사'를 좋아하는 독자들 모두를 만족시키게 되는 것입니다. 장르를 퓨전시키거나 겹치게 만드는 일은 위험하지만, 목표 의식의 중첩은 생각보다 긍정적인 효과를 가진다는 점을 기억해 두시면 좋습니다.

주인공의 목표 의식이 중요한 이유가 또 있습니다. 주인공의 '주도성'과 관련된 것인데요! 수강생분들의 작품을 투고하다 보면 주인공이 '능동적이지 못하다', '시키는 대로만 한다', '상황에 끌려다닌다'는 피드백을 빈번하게 받습니다. 그리고 아주 높은 확률로, 이런 소설들은 '목표 의식'이 선명하지 못합니다. 다음의 예를 확인해 보겠습니다.

> **전개** 게임 속 세계로 떨어진 주인공이 아카데미에 입학해 각성자가 된다.
>
> **내용 1** 게임 속 세계로 들어온 주인공은 빙의된 사실을 자각한다. 그때 주인공에게 누군가 찾아온다. "주인공씨! 여기서 뭐하는 거죠? 어서 아카데미로 가셔야죠! 강해지기 위해서는 아카데미에 입학해 각성 단계를 밟아야 해요!"
>
> **내용 2** 게임 속 세계로 들어온 주인공은 빙의된 사실을 자각하고, 목표를 설정한다. '마왕을 없애고 원래 세계로 돌아가겠어'. 그러기 위해서는 일단 강해지는 게 먼저. 주변을 수소문해 보니 가장 효율적으로 각성자가 되는 길은 아카데미 입학이라고 한다. 좋아. 가 볼까?

여러분들이 보시기에는 어떤 주인공이 더 능동적으로 보이나요? **내용 2**의 주인공이 더 주도적으로 상황을 이끄는 것처럼 느껴질 겁니다. 그 차이는 딱 하나입니다. 주인공의 목표 설정 입니다!

목표 설정을 확실하게 하게 되면 그 이후에 하는 모든 행동은 '목표 달성을 위한 수단'으로 존재합니다. 똑같은 아카데미를 가더라도, 누가 시켜서 가는 것과 목표를 이루기 위해 가는 것은 어마어마한 차이가 있는 것이죠.

3 주인공의 능력

세 번째는 주인공의 능력입니다. 남성향 판타지에서는 평범한 사람들과는 다른, 주인공만이 가지고 있는 특별한 능력이 필요합니다. 이 능력은 독특하고 개성적일수록 좋습니다. 시중의 수많은 웹소설 사이에서 차별성을 부여할 수가 있거든요. 똑같은 국밥인데, 내가 특별히 고안한 MSG를 한 스푼 넣는 느낌입니다.

일반적으로 많이 쓰이는 능력은 '예지력'입니다.

회귀를 한 주인공은 앞으로 일어날 일을 이미 알고 있고, 소설이나 게임 속으로 빙의한 주인공도 어떻게 대처해야 최선의 결과를 얻는지 알고 있죠? 이 예지력은 소설에서 쓰이는 어떤 능력보다도 강력합니다. 현대 판타지 소설을 읽다 보면 주인공이 '예지력' 하나만으로 세상을 쓸어담는 모습들을 볼 수 있죠.

이 외에도 '상태창', '고인물', '독식' 같은 능력들이 자주 쓰이는 편입니다. 제가 개인적으로 선호하는 능력은 '시너지'인데요, 이건 쉽게 말해 '물 만난 고기' 같은 상황을 연출하는 것입니다. 세계관 자체가 주인공이 가진 특성과 찰떡궁합인 전개를 만드는 것인데요, 다음의 예시를 볼까요?

독을 가진 벌레나 동물을 부리는 가전 무공을 지닌 무협 가문
+ 전생에 독충, 독물에 뛰어난 전문성을 가진 유튜버
➡ 〈파브르 인 사천당가〉

실제 대장간 업무와 비슷하게 아이템을 만들 수 있는 게임 속 세계관
+ 어릴 적부터 대장간 일을 사랑했던 천재 대장장이
➡ 〈천재 대장장이의 게임〉

바다가 증발하고 대부분의 대지가 모래로 바뀐 세계
+ 지구 유일의 모래술사
➡ 〈불탄 사막의 모래술사〉

이런 '시너지' 능력을 잘 세팅한다면 작품의 독창성은 물론, 독자들의 기대감을 증폭시킬 수 있습니다.

4 주인공의 매력

여기서 말하는 '매력'이란 단순히 멋지고 예쁜 것을 의미하지는 않습니다. 이 소설의 주인공을 응원하고 싶은가? 에 가깝습니다.

앞서 '착각' 파트에서 다뤘던 '손주이론'을 기억하시나요? 작가의 눈에만 예뻐 보이는 것이 아니라, 제 3자(독자)의 눈에도 예뻐 보이게 만드는 것, 응원하고 싶도록 만드는 과정이 바로 주인공의 매력 조형입니다. 주인공이 가진 능력이나 여건을 제외하고, 순수하게 주인공이라는 사람을 응원하게 만들어야 합니다. 작품 초반에는 주인공이 수난을 겪는 장면이 많기 때문에 (= 능력을 보여 주거나 활약하는 장면이 없기 때문에) 더욱 필요한 작업입니다.

가장 많이 쓰이는 주인공의 매력은 소위 '중꺾마'(중요한 건 꺾이지 않는 마음 = 강인한 의지)입니다. 작품 초반, 주인공이 막강한 적을 만나 죽음을 앞두고 있다고 가정해 보겠습니다. 이럴 때 무릎을 꿇고 눈물을 흘리며 목숨을 구걸하는 주인공. 마음에 드시나요? 내가 곧 죽으리라는 건 알지만 '팔 하나는 가져가겠다', '마지막까지 꼴사나운 모습을 보일 순 없다', '귀신이 되어서라도 네놈을 찾아가 반격할 것이다'라고 이야기하는 주인공이 훨씬 더 응원하고 싶을 겁니다.

'냉철한 주인공' 역시 많은 독자들이 사랑하는 매력 중 하나입니다. 갑자기 닥친 상황에 어리버리하게 행동하며 식은땀을 흘린다던가, 놀라서 허둥대는 주인공. 매력은커녕 못나 보이죠? 차분하고 이성적으로 계획을 실행

해 나가는 주인공. 손해 보지 않고 이득만 따박따박 취하는 주인공을 볼 때 독자들은 더 응원하고 싶어집니다.

이 외에도 앞선 파트에서 언급했던 GAP이라던가, 어떤 한 분야에 미쳐 있는 광기 등이 주인공의 매력을 조형하는 데 도움을 줍니다. 저는 개인적으로 주인공의 능력만큼이나 매력을 중요한 포인트로 생각합니다. 스토리가 마음에 들어서 소설을 읽는 독자들은 스토리가 조금만 엇나가도 하차할 생각을 하지만, 캐릭터에 애정을 가진 독자들은 스토리가 조금 마음에 들지 않아도 계속해서 읽어 주는 경향이 있기 때문입니다.

〈슈퍼스타 천대리〉 웹툰 ⓒDo8글, 이재국 그림, 박경원 원작

5 패턴

마지막은 '패턴'입니다. 패턴은 크게 '활약 / 보상 / 영향력'으로 나눌 수 있습니다.

'영향력'이 왜 중요한지는 앞선 파트에서 설명을 드렸죠? 이 패턴은 햄버거 세트(햄버거+콜라+감자튀김)처럼 세 가지가 함께 나와야 완벽한 만족감을 선사할 수 있습니다.

주인공이 혼자 있는 몬스터를 멋진 스킬로 제압함 `활약`

주인공이 멋진 스킬로 몬스터를 제압하고 던전 희귀 아이템을 챙김 `활약+보상`

주인공이 멋진 스킬로 빌런을 제압하고 희귀템을 챙김. 이를 지켜보던 글로리 길드의 대표가 몸을 부들부들 떨며 경악함 `활약+보상+영향력`

간단하게 요약하면 이런 차이가 있습니다. 단순히 활약(사이다)만 보이는 것이 아니라, 그로 인한 확실한 보상과 영향력을 보여 줘야 독자들의 만족감을 가득 채워 줄 수 있는 것이죠.

2023년 하반기에 진행한 강의에서 저는 '남성향 판타지의 5요소'만으로 문피아 투데이베스트를 뚫을 수 있을지 확인해 보겠다고 말한 적이 있습니다.

바로 〈홈런에 미친놈〉입니다. 이 소설이 유료 연재를 할 수 있을지 없을지 불확실한 상황에서 1화부터 수강생분들과 함께 지켜보았습니다. 해당 소설을 '남성향 판타지의 5요소'로 축약하면 다음과 같습니다.

> ### 〈홈런에 미친놈〉의 남성향 판타지 5대 요소
>
> **1. 스타트 포인트** 회귀
> **2. 목표 의식** 더 큰 홈런, 더 많은 홈런
> **3. 주인공의 능력** 모든 스탯 포인트를 파워에 몰빵. 스쳐도 홈런.
> 이후 다른 취약점을 보완하여 완성형 타자로 성장
> **4. 주인공의 매력** 홈런에 대한 광기. 회귀하자마자 가장 먼저 내린 판단이
> 소속팀을 떠나는 것. 이유는 소속팀에 남으면 허약한
> 투수진을 상대로 홈런을 칠 수 없으니까.
> 정든 팀을 떠나 아쉽지 않냐는 조력자의 말에
> '홈런을 정으로 칩니까?'라고 대답.
> **5. 패턴**
> ① **입단 테스트** 활약: 홈런을 침
> 보상: 입단 테스트 합격, 홈런으로 인한 보상 스탯
> 영향력: 홈런 타구를 보며 경악하는 관계자들
> ② **한국시리즈** 활약: 홈런을 침
> 보상: 팀의 한국시리즈 우승, 홈런으로 인한 보상 스탯
> 영향력: 주인공의 활약을 보고 군침을 흘리는 메이저리그
> 관계자들

〈홈런에 미친놈〉은 현재도 문피아와 네이버 시리즈에 연재하고 있고, 제 문피아 연재작 중에서는 가장 좋은 성적을 기록한 작품입니다. 궁금하신 분은 소설을 딱 5회까지만 읽어 보시기를 추천합니다. 5회 안에 저 다섯 가지 요소가 들어 있음을 확인하실 수 있습니다. 남성향 판타지에 도전하시는 분들은 소설을 읽으면서 마냥 감상만 하지 마시고, 기계적으로 저 다섯 가지

요소를 추출하는 연습을 해 보시길 추천드립니다. 상위 랭크에 포진한 대다수의 작품들에서 이러한 특성들을 확인하실 수 있습니다.

〈홈런에 미친놈〉 ⓒ조아라 연재 페이지

다시 한 번 말씀드리지만 제가 만든 개념은 하나도 없습니다. 단지 초인기작들을 모으고 모아서 분석하다 보니 저러한 공통점이 나온 것뿐이지요.

7. 로맨스의 5대 요소

어느덧 마지막 챕터까지 도달했네요! 이번에는 로판, 현대 로맨스에 두루 쓰이는 로맨스의 5요소에 대해서 알아보겠습니다.

로맨스의 5대 요소

1. 결핍
- 남주와 여주간에 결핍이 존재
- 결핍의 속성은 서로 달라야 하며 서로만이 해결 가능
  - 예시 : 가난 vs 멘탈

2. 입체적인 관계성
- 서로 다른 세계에서 만난 남녀의 관계보다 얽히고설킨 관계가 필요
  - 예시 : 맞선을 본 상대가 회사의 대표?
    남주의 집안이 알고 보니 우리 가족을 망하게 만든 재벌가?
    사랑을 고백한 남주가 룸메이트의 남동생?

3. 입체적인 감정

- 작품 내내 사랑하고 행복하기만 하다가 끝나는 소설은 없다
- 사랑하면서도 마음이 내키는 대로만 할 수 없는 특별한 상황
- 사랑, 슬픔, 분노, 집착, 그리움, 질투 등등으로 여주의 마음을 뒤흔들 것

4. 스테이지

- 남주와 여주가 서로 지지고 볶을 강제적 환경이 필요

  예시) 사내 연애, 계약 동거, 계약 결혼, 병원 생활, 황궁 등등

5. 특별한 이끌림

- 단순히 상대가 예쁘고 잘생겨서 사랑에 빠지는 것은 금물
- 다른 사람과는 다른 이 남자만의 특별한 매력을 발견하는 과정이 필요

첫 번째는 결핍입니다. 남주와 여주간에는 서로 결핍이 존재하고, 이 결핍을 상대방이 충족시켜 주는 전개가 기본이라고 할 수 있습니다. 주의해야 할 것은 이 결핍의 속성이 동일하면 안된다는 점입니다. 조금 저속하게 표현하자면, '여주가 거지인데 남주도 거지'이거나, '여주가 싸이코인데 남주도 싸이코'면 곤란하다는 것입니다. 재정적으로는 궁핍하지만 사랑스럽고 멘탈이 굳건한 여주 - 돈과 권력은 많지만 어릴 적 트라우마가 남은 남주. 우리가 흔히 볼 수 있는 신데렐라 스토리와 비슷하죠? 로판도 해당되지만, 특히나 현대 로맨스에서 굉장히 자주 보는 구도입니다.

두 번째는 입체적인 관계성입니다. 그냥 사랑하는 남녀가 아니라, 그 사이에 얽히고설킨 관계가 들어가야 합니다. 그래야 내용이 다채로워지고, 인물간의 갈등과 해소를 구현할 수 있기 때문이죠. 대표적인 예로 로미오와 줄

리엣을 들 수 있겠네요. 서로 사랑하는 남녀라는 평면적인 관계가, 가문이 원수지간이라는 입체적인 관계성을 추가하면서 애틋한 러브스토리로 탈바꿈하게 되는 거죠!

웹소설 플랫폼에 '맞선'을 한번 검색해 보시면 입체적인 관계성이 얼마나 많이 쓰이는지 알 수 있을 겁니다. 거의 모든 내용이 '단순한 맞선 상대인 줄 알았던 남자가 알고 보니 ×××' 라는, 입체적인 관계성을 사용함을 알 수 있을 겁니다!

네이버 웹소설의 '맞선' 관련 웹소설 ⓒ네이버

세 번째는 입체적인 감정입니다. 단순히 연애를 시작하며 행복하고 사랑하기만 하다 끝나는 웹소설은 별로 없습니다. 그 안에 여러 가지 갈등과 사건이 발생하며 입체적이고 다양한 감정들이 드러나게 되죠. 남성향 주인공은 항상 거침없고 자신만만하며 만족스러운 감정을 유지하는 게 정석이지만, 여성향은 그 반대라고 할 수 있습니다. 마냥 행복한 상태가 아니라, 때때로 분노하고 상처받으며, 슬퍼하다 다시 사랑에 빠지는, 일종의 감정 중노동에 빠지는 경우가 많습니다.

다양한 감정을 드러내기 위해 억지로 상황을 연출할 필요는 없습니다. 두 번째 요소였던 입체적인 관계성만 잘 구현된다면, 주인공은 알아서 여러 가지 감정에 휘말리게 될 테니까요!

네 번째는 스테이지입니다. 여러분, 학창 시절을 한 번 떠올려 볼까요? 옆에 있는 짝꿍이랑 싸웠다고 해서 다음날 학교에 안 갈 수는 없죠? 억지로 함께 자리를 하다 보면 싸우다가도 풀리고, 또 다시 으르렁거리곤 합니다. 나이가 들어도 다를 건 없습니다. 어제 나를 갈궜던 직장 상사가 무척이나 꼴보기 싫지만, 그렇다고 회사를 때려칠 수는 없잖아요? 그런데 오늘 출근하고 보니까, 그 상사가 제 인사평가에 만점을 줬다는군요!

이렇듯 강제적인 스테이지를 부여해야 남주와 여주의 서사가 자연스럽게 쌓이게 됩니다.

예전부터 '눈에서 멀어지면 마음에서도 멀어진다'고 하잖아요? 설령 만나서 한 판 더 싸운다 하더라도 남주와 여주는 같은 공간에서 계속 마주쳐야 합니다. 여주는 프랑스로 출장을 가고, 남주는 이라크로 전근을 갔다고 생각해 보세요.

웹소설 속에서 이런 스토리는 될 것도 안 될 가능성이 높습니다. 서로 강제로 만날 수밖에 없는 스테이지. 가장 대표적인 예로 '사내 연애'가 있겠죠. 혹은 남주가 여주에게 동거를 제안한다든지 계약 결혼을 하기도 합니다. 이렇게 강제로 두 사람을 엮어 줄 스테이지가 존재해야 사랑도 다툼도 줄기차게 이어 나갈 수 있는 겁니다.

다섯 번째는 특별한 이끌림입니다. 예를 들어 볼까요?

'큰 실수를 저지른 직원이 있다는 보고에 재벌가의 후계자 나경솔은 당장 그 직원을 눈앞으로 데려오라고 명령했다. 호출해 놓고 온갖 모욕과 욕설을 퍼부은 뒤 사원증을 부숴 버릴 생각이었다. 그리고 이윽고, 나예쁨 사원이 부사장실에 등장했다. 잔뜩 겁먹은 그녀의 모습은 수채화로 그려 넣은 듯 청초하고 아름답기 그지없었다. 나경솔은 곧 생각을 바꿔먹었다. 그냥 봐주고 사귀자고 해야겠다.'

자, 어떤가요? 이런 남주에게 매력을 느낄 독자가 많을까요? 남주와 여주의 외모를 아름답게 설정하는 건 문제로 삼을 이유가 없습니다. 오히려 권장해야 할 특성이죠. 다만, 남주와 여주가 상대방을 좋아하게 되는 계기가 '오직 외모'여서는 안 된다는 겁니다.

과거에 드라마에서 많이 쓰였던 대사가 하나 있습니다. '날 이렇게 대하는 건 네가 처음이야'. 이 대사도 타인에게서는 발견할 수 없는 주인공만의 매력인 셈이죠. 설령 그것이 까칠한 모습이어도 말이죠! 이기적이고 출세에만 관심을 가진 사람들만 가득한 이 황궁에서 뒷일은 생각하지 않고 여기저기 들이받는 여주라던가, 내가 출품한 그림의 진가를 유일하게 알아봐 준 재력남이라던가.

대단히 특별한 이유일 필요도 없습니다. 여주가 끓여 주는 김치찌개가 돌아가신 어머니의 맛과 똑같다든지, 모두가 나를 성격 파탄자로 생각하는데 여주만이 날 이해해 준다든지, 그것도 아니면 여주가 가진 독특한 취미를 남주도 하고 있다든지. 어떤 것이든 다 좋습니다.

 **마치며**

웹소설을 향한 독자들의 기호는 살아 있는 생명체와도 같습니다.

시간이 흐르면서 과거에는 허용되었던 것이 이제는 기피되기도 하고, 예전에는 꺼리던 설정이 지금은 주력 키워드가 되기도 합니다.

그렇기 때문에 웹소설은 정답이 없습니다. 수학 공식처럼 정해진 답이 있는 것이 아니라, 그때그때 확률이 높은 선택을 해 나갈 뿐입니다.

저는 학원에서 스스로를 '확률무새'라고 칭합니다. 그리고 그 확률은 출판사에서 강조하는 '상업성'과 일치합니다.

부디 제가 제시한 확률들이 여러분들의 도전에 정확히 명중하기를 바랍니다.

본 도서는 6개월 과정의 강의를 밀도 있게 축약해 넣었습니다. 그 긴 여정을 한 권의 책으로 정리하다 보니 못다한 말들이 많습니다. 기회가 된다면 나머지 이야기를 별도의 도서로 풀도록 하겠습니다.

본업인 웹소설을 하루에 한 편씩 쓰고, 그러면서 주 5일 강의를 했습니다. 그러한 일상 속에서 본 도서를 제작하는 과정이 분명 녹록치는 않았습니다. 그러나 분명 즐겁고 보람 있는 시간이었습니다. 작가 지망생 여러분이 이 글을 읽고 저보다 훨씬 뛰어난, 돈 잘 버는 작가가 되기를 진심으로 희망합니다.

도서를 쓰는 동안 결혼을 했습니다. 처음 소개를 받았을 때, 얼굴은 별론데 웹소설을 쓴다는 말에 호기심이 생겼다고 합니다. 여러분, 웹소설이 이렇게나 효과적입니다.

본 도서를 읽으신 분들께도 웹소설을 통해 기적과도 같은 행운이 찾아오기를 바라겠습니다.

제 도서를 통해 작품 론칭을 하신 분과 기념으로 치맥을 함께 하는 것. 앞으로의 인생에 소소한 소망 중 하나입니다.

도서를 작성하는 데 있어 절대적인 도움을 주신 제이로빈 대표님과 위크래프트 대표님, 아낌없이 자료를 제공해 주신 작가컴퍼니 관계자 분들, 사랑하는 어머니와 하나뿐인 여동생, 회사를 나왔을 때 저보다 더 저를 믿어 준 아내에게 진심으로 고맙다고 말하고 싶습니다.

감사합니다.

박대리 웹소설로 억대연봉

지은이 박경원

초판 1쇄 발행일 2024년 5월 27일
초판 2쇄 발행일 2024년 12월 25일

발행인 오종필
책임 편집 위크래프트
디자인 김경희
발행처 제이알매니지먼트
주소 경기도 부천시 원미구 길주로17, 803호(상동, 웹툰융합센터)

ⓒ박경원, 2024
ISBN 979-11-91730-66-1 13800

- 이 책은 저작권법에 따라 보호받는 저작물이므로 무단 전재와 복제를 금합니다.
- 이 책의 전부 혹은 일부를 이용하려면 저작권자와 출판사의 동의를 받아야 합니다.
- 잘못된 책은 구입하신 곳에서 바꿔드립니다.
- 책 모서리에 찍히거나 책장에 베이지 않게 조심하세요.